AI赋能 ▶

新媒体

文案创作与活动策划从入门到精通

新媒体商学院　编著

化学工业出版社

·北京·

内 容 简 介

本书深入讲解了AI如何赋能新媒体环境下的文案创作与活动策划，以提升效率和效果。随书赠送：160页PPT教学课件+127集教学视频+78组AI提示词+78个效果素材文件+10章电子教案。书中内容从以下两条线展开介绍。

第一条线是工具线：书中对AI工具的概念和使用方法等基础知识进行了讲解，并对通义、文心一言、讯飞星火、Kimi、智谱清言、天工、秘塔AI搜索、橙篇、豆包、ChatGPT这10大AI热门工具进行介绍，帮助读者全面掌握利用AI进行文案创作和活动策划的方法。

第二条线是案例线：书中通过介绍AI在新媒体文案和活动策划领域的相关案例，带领读者学习AI技术在不同平台和行业的应用技巧。本书涉及公众号、今日头条、抖音、小红书、B站、微博、知乎、豆瓣、播客和快手等常用新媒体平台，包含餐饮、互联网、广告、电商、零售、旅游、汽车、影视、教培和展览等行业，知识全面。

本书内容丰富、图文并茂、通俗易懂，可作为新媒体、AI文案创作和AI活动策划等行业的教材；也适合从事人工智能、新媒体、文案、活动策划等工作的专业人士，以及希望提升工作效率和创造力的职场人士学习；还适合希望利用AI技术提升创作效率和质量的创作者阅读。

图书在版编目（CIP）数据

AI赋能新媒体：文案创作与活动策划从入门到精通 /
新媒体商学院编著. -- 北京：化学工业出版社，2025.
10. -- ISBN 978-7-122-48798-8

Ⅰ．G206.2

中国国家版本馆CIP数据核字第20254TX817号

责任编辑：张素芳　李　辰　　　　　　　　封面设计：异一设计
责任校对：田睿涵　　　　　　　　　　　　装帧设计：盟诺文化

出版发行：化学工业出版社（北京市东城区青年湖南街13号　邮政编码100011）
印　　装：北京云浩印刷有限责任公司
710mm×1000mm　1/16　印张13$\frac{1}{2}$　字数266千字　2025年10月北京第1版第1次印刷

购书咨询：010-64518888　　　　　　　　　售后服务：010-64518899
网　　址：http://www.cip.com.cn
凡购买本书，如有缺损质量问题，本社销售中心负责调换。

定　　价：78.00元

前　言

一、写作驱动

在数字时代的浪潮中，人工智能与新媒体的融合正以前所未有的速度改变着文案创作与活动策划的面貌，为这一领域带来了前所未有的创新与活力。然而，尽管AI新媒体技术展现出无限潜力，众多学习者在尝试驾驭这股力量时，却遭遇了诸多难题与挑战。

在广泛调研与深入分析学习者需求的过程中，我们深刻洞察到，当前学习者在AI新媒体赋能的文案创作与活动策划方面主要面临以下3大痛点。

痛点1：技术融合应用难

许多学习者虽然对AI技术的基本原理有所了解，但在实际文案创作与活动策划中，却难以将AI技术有效地融合进去，实现技术与创意的完美对接。这种技术与创意的脱节，不仅限制了文案与活动的创新力，也削弱了AI新媒体技术的实际应用效果。

痛点2：对趋势把握不准

AI新媒体领域发展迅速，新工具、新技术、新理念层出不穷。学习者往往难以紧跟技术前沿，准确把握行业趋势，导致在文案创作与活动策划中缺乏前瞻性和创新性。对趋势把握不准确，使学习者在竞争中难以脱颖而出。

痛点3：系统学习资源匮乏

面对AI新媒体这一新兴领域，学习者往往难以找到系统、全面、深入的学习资源。他们或被海量的碎片化信息所淹没，或被纷繁复杂的学习路径所困扰，导致学习效果不佳，学习进度缓慢。学习资源零散、缺乏系统性，成为制约学习者技能提升的关键因素。

二、本书特色

我国要加快建设教育强国、科技强国、人才强国，坚持为党育人、为国育才，全面提高人才自主培养质量。本书正是基于这一精神，积极响应国家创新驱动发展战略，致力于培养适应新时代要求的高素质、高技能人才，并围绕以上痛点，提供了一系列创新性的解决方案，具体亮点如下。

亮点1：理论与实践相结合

本书不仅详细阐述了AI赋能新媒体过程中文案创作和活动策划方面的基础知识与实践案例，还通过70多个操作视频、51个数字人视频演示，将理论知识与实践操作紧密结合。读者可以在学习过程中，通过实践操作加深理解，提升技能水平。

亮点2：紧跟AI技术前沿

本书注重与时俱进，及时更新内容，确保读者能够接触到AI文案创作和活动策划领域最新的知识和应用案例。通过78组AI提示词和实用技巧讲解，读者可以快速掌握新技术和新方法，跟上技术发展的步伐。

亮点3：资源案例丰富、系统

本书提供了丰富的学习资源，包括70多个效果素材、20个新媒体平台与行业案例等，为读者打造了一个全面、系统、有针对性的学习环境。这些资源不仅有助于读者提升学习效率和学习效果，还能激发他们的学习兴趣和创造力。

综上所述，本书旨在通过深入挖掘读者的痛点，并以党的二十大精神为指导，为广大读者提供一本全面、实用、易懂的AI新媒体教材。希望通过学习本书，读者能够更好地掌握AI赋能新媒体的特点，提升实践能力，为未来的职业发展奠定坚实、稳固的基础。

三、教学资源

本书提供的配套教学资源及数量如下表所示。

教学资源及数量表

序　号	教学资源	数　量
1	提示词	78 组
2	素材效果	78 个
3	视频解说	127 集
4	教学课件	160 页
5	电子教案	10 课

四、获取方式

如果读者需要获取书中案例的素材、回复、效果、视频和课件，请使用微信"扫一扫"功能按需扫描右侧对应的二维码即可。

扫码获取资源

五、特别提示

1. 本书涉及的各大软件和工具的版本分别是：通义App为3.19.0版，文心一言网页版为基于文心大模型3.5的V3.3.0版，文小言App为4.5.0.10版，讯飞星火App为4.0.19版，Kimi智能助手为1.6.7版，智谱清言App为2.6.8版，天工App为2.1.0版，秘塔AI搜索App为1.2.8版，豆包电脑版为1.32.13版，豆包App为6.5.0版。

2. 在编写本书的过程中，是根据软件和工具的当前最新版本截取的实际操作图片，但书从编辑到出版需要一段时间，在此期间，这些工具的版本、功能和界面可能会有变动，请在阅读时，根据书中的思路，举一反三，进行学习。

3. 需要注意的是，即使是相同的提示词，AI工具每次生成的回复和效果也会存在差别，因此在扫码观看教程时，读者应把更多的精力放在提示词的编写和实际操作的步骤上。

4. 由于篇幅原因，AI工具的回复内容只展示要点，详细的回复文案，请看随书提供的完整效果文件。

六、编写人员

本书由新媒体商学院编著，参与编写的人员还有强兵、苏高等人，在此表示感谢。由于编写人员知识水平有限，书中难免存在疏漏之处，恳请广大读者批评、指正。

目　录

【AI 新媒体篇】

【AI 新媒体文案创作篇】

【AI 新媒体活动策划篇】

【AI 新媒体篇】

第 1 章
AI新媒体入门基础

　　随着科技的飞速发展，AI新媒体正逐步改变着信息传播与接收的方式。本章将引领读者踏入AI新媒体的殿堂，从了解AI新媒体的融合趋势、定义、特点出发，深入探讨AI文案创作的魅力与挑战，以及AI活动策划的精髓。无论是AI文案的高效生成，还是AI活动策划的创新实践，都预示着新媒体领域的深刻变革。

1.1　了解 AI 新媒体

在数字化浪潮的推动下，新媒体与AI技术的融合已成为不可忽视的趋势，这一融合不仅重塑了信息传播的方式，更推动了AI新媒体这一新兴领域的发展。本节将深入探讨新媒体与AI技术融合的现状及其未来的走向，明确AI新媒体的定义与独特特点，并通过与传统媒体的对比分析，揭示AI新媒体在信息传播、用户体验及运营效率等方面的显著优势。

1.1.1　新媒体与AI技术的融合趋势

新媒体是一种基于互联网技术的数字化传播平台，包括社交媒体、微博和移动应用等。而AI技术则是一种模拟人类思维和延伸人类智能的技术，通过机器学习和深度学习等算法，实现智能化功能。图1-1所示为常见的新媒体平台。

图 1-1　常见的新媒体平台

AI技术的崛起为新媒体行业注入了新的活力，呈现出融合的趋势。在内容的生成、分发和互动等各个环节，AI技术极大地提高了生产效率，在为用户带来更加个性化、智能化的体验的同时，也为新媒体运营者带来了更多的机会，相关分析如下。

1. AI技术在新媒体内容生成中的应用

在新媒体时代，AI技术已经广泛应用于内容的生成环节，能够实现对各种内容的快速筛选、编辑和发布。AI技术的应用大大提高了生产效率和传播速度，使得新媒体运营者能够迅速捕捉到热点事件，并及时向公众传递信息。

同时，AI技术还可以辅助新媒体运营者进行内容创作。例如，AI可以分析大量的历史数据和实时数据，为运营者提供有价值的线索和背景信息，帮助他们更好地理解和报道事件。另外，AI还可以自动生成一些简单的报道。

2. AI技术在新媒体内容分发中的作用

通过分析用户的浏览历史、兴趣偏好等信息，AI可以为用户推荐个性化的内容，提高用户体验。这种个性化推荐系统能够根据用户的兴趣点，精准地推送符合其口味的内容，让用户能够在海量信息中快速找到自己感兴趣的内容。

另外，AI技术还可以根据用户的反馈和行为数据，不断优化推荐算法，提高推荐精度。例如，当用户对某个领域的内容表现出浓厚的兴趣时，AI可以自动增加该领域内容的推荐比例，以满足用户的需求。

3. AI技术在社交媒体和短视频领域的应用

通过智能聊天机器人、语音识别等技术，AI可以实现与用户的实时互动和交流，为用户提供更加便捷、智能的服务。例如，在社交媒体平台上，AI可以自动回复用户的留言和评论，解答用户的问题，提高用户满意度。图1-2所示为AI助理自动回复功能示例。

图 1-2　AI 助理自动回复功能示例

在短视频领域，AI技术可以通过图像识别、视频剪辑等技术，自动对视频进行剪辑和合成，生成符合用户需求的短视频内容。这种智能化的视频制作方式不仅提高了视频的生产效率，也为用户带来了更加丰富多彩的视频体验。

未来，新媒体与AI技术的融合趋势将更加明显，在内容创作、分发和互动等方面发挥更加重要的作用，推动媒体行业的智能化升级。新媒体与AI技术的融合将为媒体行业带来更加广阔的发展前景和无限的可能性。

1.1.2 AI新媒体的定义与特点

扫码看教学视频

AI新媒体是指结合AI技术与传统媒体形态，通过智能化手段对内容进行创作、处理、分发和与用户互动的新型媒体形态。这种新型媒体形态不仅继承了传统媒体的传播功能，还通过AI技术赋予了内容更高的生产效率、更精准的用户定位，以及更丰富的互动体验。AI新媒体具有以下特点。

1. 智能化

AI新媒体的最大特点就是智能化。这种智能化体现在内容的生产、筛选和编辑、分发等各个环节，图1-3所示为AI新媒体智能化图解。

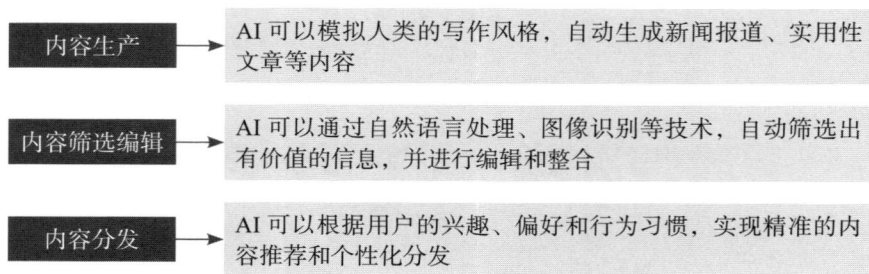

内容生产	→	AI可以模拟人类的写作风格，自动生成新闻报道、实用性文章等内容
内容筛选编辑	→	AI可以通过自然语言处理、图像识别等技术，自动筛选出有价值的信息，并进行编辑和整合
内容分发	→	AI可以根据用户的兴趣、偏好和行为习惯，实现精准的内容推荐和个性化分发

图1-3 AI新媒体智能化图解

AI新媒体通过运用智能化的处理方式，大大提高了内容的生产效率和质量，使得内容更加丰富多彩和精准有效。

2. 个性化

AI新媒体的另一个重要特点就是个性化，可以通过智能算法和大数据分析，深入了解每个用户的兴趣、偏好和需求，从而为他们提供个性化的内容推荐和定制服务。这种个性化的推荐方式不仅提高了用户的满意度和忠诚度，也增强了内容的针对性和有效性。

3. 互动性

AI新媒体还注重用户互动和社交体验。通过智能算法和交互设计，AI新媒体可以实现更加智能的互动和社交功能，如智能问答、虚拟社交、智能推荐等。

这些功能不仅增强了用户的参与感和归属感，也促进了用户之间的交流和互动，形成了更加紧密的社交关系。同时，AI新媒体还可以通过数据分析，深入了解用户的互动行为和社交习惯，为内容的优化和创新提供有力的支持。

AI新媒体作为媒体行业与AI技术相结合的产物，具有智能化、个性化和互动性等特点。这些特点使得AI新媒体在内容生产、分发和互动等方面都表现出了强大的优势和潜力。

1.1.3 AI新媒体与传统媒体的比较

AI新媒体作为一种新型媒体形态，与传统媒体形成了鲜明的对比，两者在内容生产、内容分发及用户体验等方面都存在着显著的差异，相关分析如下。

扫码看教学视频

1. 内容生产

在内容生产方面，新媒体凭借AI技术，实现了内容的快速生成和编辑。这种自动化生产方式极大地提高了内容生产的效率，降低了成本，并且能够根据市场需求快速调整内容方向。

相比之下，传统媒体在内容生产上更加依赖人工创作和编辑。记者、编辑等媒体工作者通过实地采访、调查研究和撰写稿件等方式，生产具有一定深度、广度和独特性的内容。传统媒体的内容生产周期较长，但能够确保内容的质量和权威性。

2. 内容分发

在内容分发方面，AI新媒体能够根据用户的兴趣和偏好进行个性化推荐。通过分析用户的浏览记录、搜索历史和社交行为等数据，AI能够深入了解用户的需求和喜好，为用户推荐符合其兴趣的内容，这种个性化推荐方式提高了用户获取信息的效率和满意度。

传统媒体在内容分发上则主要依赖传统的传播渠道，如报纸、电视和广播等。这些渠道具有广泛的覆盖面和稳定的受众群体，但缺乏个性化推荐的能力。传统媒体的内容分发往往受地域、时间等因素的限制，无法满足用户随时随地获取信息的需求。

3. 用户体验

在用户体验方面，AI新媒体注重用户的互动和社交体验。通过智能问答系统、虚拟社交功能等互动方式，AI新媒体能够为用户提供更加智能、便捷的服务。同时，AI新媒体还注重用户的反馈和需求，不断优化产品功能和界面设计，提高用户体验的满意度。图1-4所示为智能问答系统的工作原理。

传统媒体在用户体验上则主要侧重于内容的呈现和传递。传统媒体通过优秀的新闻报道、独特的节目制作等方式，吸引用户的注意力并传递有价值的信息。然而，传统媒体在互动和社交方面的能力相对较弱，无法满足用户日益增长的互动需求。

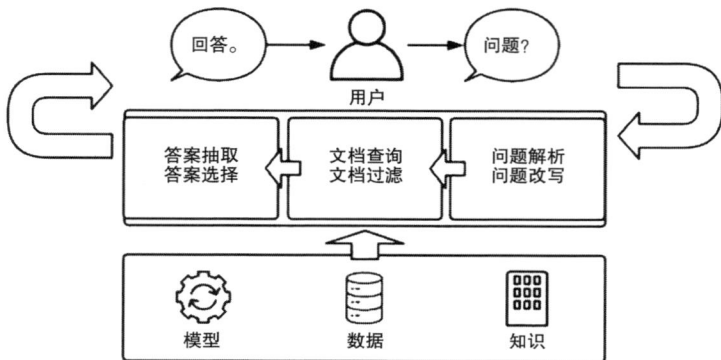

图 1-4　智能问答系统的工作原理

尽管AI新媒体在多个方面具有优势，但传统媒体仍然具有其独特的价值。传统媒体在内容的权威性和可信度方面仍然具有优势，同时传统媒体在文化传承和社会舆论引导方面也发挥着重要作用。因此，未来AI新媒体和传统媒体将相互融合、相互补充，共同推动媒体行业的发展。

一方面，AI新媒体可以借鉴传统媒体在内容生产、报道深度等方面的优势，提高自身内容的质量和权威性；另一方面，传统媒体也可以借助AI新媒体的技术手段，提升内容分发的效率和用户体验。通过双方的合作与融合，可以形成更加多元化、个性化的媒体生态，满足用户日益增长的信息需求。

1.2　了解 AI 新媒体文案创作

随着人工智能技术的飞速发展，AI文案创作已成为新媒体领域的一股强劲力量，它不仅能够高效生成创意独特、风格多样的文案内容，还能精准把握受众的需求，实现个性化推送。本节将探讨AI如何赋能新媒体文案创作，解析其背后的技术原理与应用实践，帮助人们把握未来的发展趋势，开启智能创作的新篇章。

1.2.1　AI新媒体文案创作的类型与优势

根据应用场景和技术的不同，可以将AI新媒体文案创作分为下面几类，相关示例如图1-5所示。

扫码看教学视频

产品描述与广告文案	AI能够分析产品特性、市场需求及消费者偏好，自动生成吸引目标受众的产品描述和广告文案。这类文案往往结合了数据驱动的洞察力和创意性的语言表达，有效提升了营销信息的吸引力和转化率
社交媒体内容生成	社交媒体平台上的内容更新频繁，要求快速响应和个性化定制。AI新媒体文案创作工具能够根据用户的行为、兴趣标签及当前热点，自动生成符合平台调性的帖子、评论和回复，提高用户互动率和品牌曝光度
新闻与报道撰写	基于自然语言处理（Natural Language Processing，NLP）和机器学习技术的AI，能够快速收集、整理并分析大量数据，生成结构清晰、信息准确的新闻报道，这在体育比赛、股市行情、天气预报等时效性强的领域尤为适用
品牌故事与创意文案	虽然创意文案被认为是高度依赖人类情感和想象力的领域，但AI通过深度学习算法，能够模拟人类的思维模式，创作出具有独特视角和品牌个性的故事和文案，为品牌传播增添新意

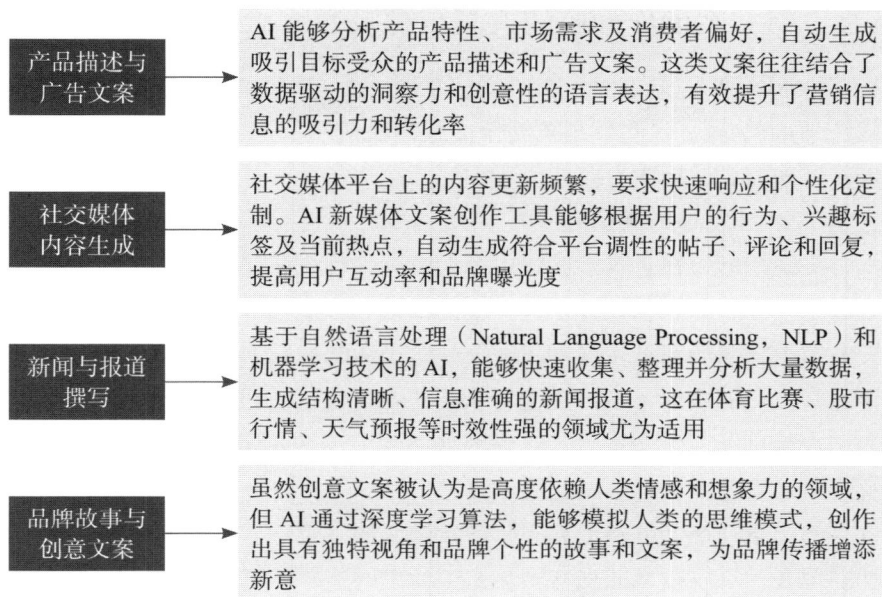

图 1-5　AI新媒体文案创作的类型

AI新媒体文案创作有许多实用的优点，下面分别进行介绍。

1. 高效与快速

AI能在极短的时间内生成大量文案，大大提高了内容生产的效率，尤其是在需要快速响应市场变化或处理大量信息的场景中，优势尤为明显。

2. 个性化与定制化

通过数据分析和用户画像构建，AI能够生成高度个性化的文案，满足不同用户群体的需求，提升用户体验和参与度。

3. 成本控制与资源优化

使用AI进行新媒体文案创作，可以减少对人力资源的依赖，降低企业运营成本。同时，AI能够持续学习并优化自身性能，随着时间的推移，其创作效率和质量会不断提升。

4. 持续创新与创意激发

AI新媒体文案创作不受传统思维框架限制，能够基于大数据分析发现新的创意点，为文案注入新鲜血液，激发品牌传播的新活力。

5. 数据驱动与优化决策

AI能够实时跟踪文案效果，通过数据分析反馈，快速调整文案策略，实现精准营销和效果最大化。这种数据驱动的方法论，使得文案创作更加科学、高效。

1.2.2　AI文案创作面临的挑战与解决方案

在探索AI新媒体文案创作的广阔前景时，不可避免地会面临诸多挑战。下面将深入剖析AI文案创作面临的挑战与解决方案，为AI文案创作未来的发展指明方向。

1. AI文案创作面临的挑战

人类文案的魅力在于其能够融入个人情感、创意和独特的视角，这是当前AI技术难以完全复制的。AI往往依赖预设的模式和数据集，难以产生真正新颖、富有感染力的内容，特别是在需要高度个性化表达的场景下。

语言是文化的载体，不同文化背景下的语言表达、习惯用法及隐含意义复杂多变。AI在处理跨文化文案时，容易因缺乏深层次的文化理解和语境适应性而出现误解或不当表达，影响信息的准确传递。

优秀的文案往往能够触动人心，激发读者的共鸣。然而，AI缺乏真正的情感体验和同理心，难以精准捕捉并表达人类复杂的情感状态，这使得AI生成的文案在情感共鸣方面往往显得苍白无力。

随着AI文案的广泛应用，版权归属、内容原创性及数据隐私等问题日益凸显。如何在保证内容质量的同时，避免侵犯他人权益，确保数据安全和合规使用，是AI文案创作必须面对的法律与伦理挑战。

2. AI文案创作针对挑战的解决方案

AI文案创作针对挑战的解决方案具体如下。

（1）强化学习与深度学习技术的应用：通过不断优化算法，引入强化学习和深度学习技术，使AI能够更好地理解语言背后的逻辑和情感，从而提升其创造性和个性化表达能力。例如，利用生成对抗网络（Generative Adversarial Networks，GANs）等技术，生成更加多样化和富有创意的文案。

（2）多语言与文化适应性训练：加强对AI的多语言训练，特别是针对特定文化背景的深度学习和理解，提升其跨文化交流的能力。这包括收集并标注多种语言的文化敏感数据，以及开发能够自动适应不同文化语境的算法模型。

（3）情感计算与同理心模型的构建：探索情感计算技术，结合心理学和神经科学的研究成果，构建能够识别、理解和模拟人类情感的AI模型。同时，开发同理心算法，使AI能够更准确地感知用户情绪，生成更能引发情感共鸣的文案。

（4）法律与伦理框架的建立：建立明确的AI文案创作法律与伦理指南，界定内容原创性标准、版权归属原则及数据保护要求。同时，推动行业自律，鼓励

AI开发者和使用者遵守相关法律法规，确保AI文案创作的合法性和道德性。

1.2.3　AI文案创作未来的发展趋势与展望

扫码看教学视频

作为自动化内容生成的重要分支，AI文案创作不仅提高了内容生产的效率，还在不断探索与人类创意的深度融合，预示着文案创作领域即将迎来一场深刻的变革。下面将深入研究AI文案创作未来的发展趋势，并对其发展前景进行展望。

1. AI文案创作未来的发展趋势

AI文案创作未来的发展趋势有以下4个方面。

（1）深度个性化与定制化：随着大数据和机器学习技术的不断进步，AI将能够更精准地分析用户的偏好、行为模式及情感需求，从而生成高度个性化、定制化的文案内容。这种趋势将极大地提升用户体验，使内容营销更加精准、有效，同时也为品牌与消费者之间建立更深层次的情感连接提供了可能。

（2）情感智能与同理心算法的深化：情感智能将成为AI文案创作的重要发展方向。通过深度学习人类情感表达模式，AI将能够更准确地理解并模拟人类情感，生成具有情感共鸣的文案。同理心算法的开发，将进一步增强AI对人类情感状态的感知能力，使文案创作更加人性化，更易于触动人心。

（3）跨语言与文化融合的创新：随着全球化的加速，跨语言、跨文化的文案创作需求日益增长。AI将通过多语言模型训练和文化适应性算法，实现文案在不同语言和文化背景之间的无缝转换，促进全球信息的无障碍流通。同时，还将探索如何在文案中融入多元文化元素，创造更具包容性和多样性的内容。

（4）人机协作模式的深化与普及：未来，人机协作将成为文案创作的主流模式。AI将作为人类的得力助手，承担数据收集、初步文案生成、格式优化等任务，而人类则专注于创意构思、情感注入和文化敏感性审查。这种协作模式将充分发挥AI的高效性和人类的创造性，共同推动文案创作质量的提升。

2. AI文案创作的发展前景展望

AI文案创作的发展前景展望有以下3点。

（1）内容产业的智能化升级：AI文案创作将推动内容产业向智能化、高效化方向升级。通过自动化内容生成和个性化推荐，AI将极大地提升内容生产的效率和质量，降低人力成本，为内容创作者和营销人员提供更大创新空间。

（2）创意产业的数字化转型：AI文案创作将促进创意产业的数字化转型。通过AI技术，创意产业将能够更快速地捕捉市场趋势，挖掘用户需求，生成符合市场需求的创意内容。同时，AI还将为创意产业提供新的商业模式和盈利点，推动产业的持续创新和发展。

（3）社会文化交流的深化：AI文案创作将促进全球社会文化的交流与融合。通过跨语言、跨文化的文案创作，AI将打破语言和文化障碍，促进不同国家和地区之间的信息交流和文化传播。

1.3　了解 AI 新媒体活动策划

随着科技的飞速发展，AI技术已经悄然渗透至新媒体领域的每一个角落，活动策划亦不例外。AI凭借其强大的数据处理与分析能力，正在重新定义活动策划的每一个环节。从目标受众的精准画像构建，到活动流程的智能化设计，再到活动效果的实时评估与优化，AI正以其独特的优势，为活动策划带来变革与升级。

1.3.1　AI新媒体活动策划的定义与特点

AI新媒体活动策划，简而言之，就是运用人工智能技术来辅助或主导新媒体活动策划的全过程。它利用大数据、机器学习和自然语言处理等技术手段，对活动策划的各个环节进行智能化处理，从而提高策划效率，优化活动效果。AI新媒体活动策划的特点主要体现在以下几个方面。

扫码看教学视频

首先，AI新媒体活动策划智能化程度很高。它能够根据活动目标、受众特点和市场环境等多维度信息，自动生成策划方案，并进行实时优化调整。这种智能化的处理方式，不仅大大提高了策划效率，还能够确保策划方案的针对性和有效性。

其次，AI新媒体活动策划具有精准的数据分析能力。它能够通过对历史数据、实时数据的深入挖掘和分析，精准预测活动效果，为活动策划提供科学依据。

最后，AI新媒体活动策划还具有创新性和可扩展性。它能够不断学习和进化，为活动策划带来全新的创意和灵感。同时，AI活动策划还能够与其他新兴技术相结合，相关示例如图1-6所示。

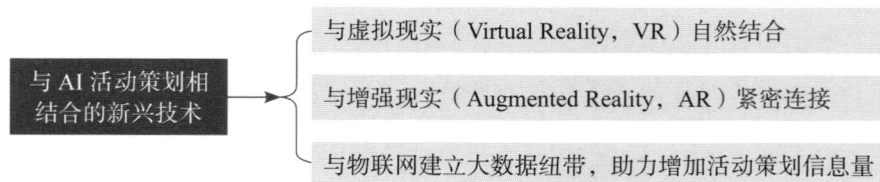

图 1-6　与 AI 活动策划相结合的新兴技术

1.3.2　AI新媒体活动策划的关键要素与实施步骤

在数字化时代，AI新媒体活动策划已成为企业营销战略中的重要一环。为了确保AI活动策划的成功实施，需要明确其关键要素，并遵循一定的实施步骤。

扫码看教学视频

1. AI新媒体活动策划的关键要素

AI新媒体活动策划的关键要素有以下几点。

（1）明确的目标与受众定位：AI新媒体活动策划的首要任务是明确活动目标，如提升品牌知名度、提高用户参与度或促进产品销售等。同时，要精准定位目标受众，包括他们的兴趣、需求和行为特征，以便AI系统能够精准推送相关内容。

（2）高质量的数据源：AI新媒体活动策划依赖大数据的支撑。因此，收集、整理和分析高质量的数据源至关重要。这些数据可以包括用户行为数据、市场趋势数据、竞争对手数据等，为AI系统提供决策依据。

（3）创意与内容的结合：AI虽然能够提供数据分析和技术支持，但创意和内容仍然是活动策划的核心。因此，需要将AI技术与人类的创意相结合，共同打造具有吸引力的活动。

2. AI新媒体活动策划的实施步骤

AI新媒体活动策划的实施步骤有以下几个。

（1）需求分析与目标设定：首先需要对活动需求进行深入分析，明确活动目标、受众特征和预期效果；然后根据分析结果设定具体的策划目标和指标。

（2）数据收集与预处理：收集与活动相关的数据，并进行预处理和清洗，以确保数据的准确性和可靠性，这些数据将作为AI系统进行分析和做出决策的基础。

（3）AI模型构建与优化：首先根据活动需求和数据特点，选择合适的AI算法和模型进行构建；然后通过不断训练和优化模型，提高其预测和决策能力。

（4）策划方案生成与调整：首先利用AI系统生成初步的策划方案，包括活动内容、形式、时间和地点等；然后根据目标受众的反馈和市场变化，对方案进行调整和优化。

1.3.3　AI新媒体活动策划未来的发展趋势

随着AI技术的飞速发展，其在新媒体活动策划领域的应用也日益广泛。AI不仅能够帮助策划者更高效地完成烦琐的任务，还能通

扫码看教学视频

过数据分析和预测，为活动策划提供科学的决策依据。展望未来，AI新媒体领域的活动策划将呈现出以下趋势。

1. 技术不断创新，应用场景更加广泛

随着人工智能技术的不断发展，AI活动策划的应用场景将越来越广泛。未来，AI将不仅仅局限于优惠券和促销活动的策划，还将涉及会议与活动管理、内容创作、场地选择等多个方面。AI技术将能够更深入地了解用户的需求和行为，为用户提供更加个性化、智能化的活动策划服务。

2. 智能化管理，降低活动策划成本

AI技术将能够自动化地处理活动策划中的许多烦琐工作，如数据分析、用户画像生成和活动方案设计等，这将大大降低活动策划的人力成本和时间成本，使得策划者能够更加专注于活动的创意和执行。同时，AI技术还能够通过优化资源分配和减少浪费等方式，进一步降低活动策划的成本。

1.4　用 AI 赋能新媒体定位

本节将深入探讨在数字化转型浪潮中，如何借用AI技术为新媒体精准定位。通过AI的赋能，新媒体运营者能更有效地进行账号与内容的双重定位，从而摆脱迷惘，明确方向。

1.4.1　做好账号定位，让新媒体运营不再迷惘

账号定位是指运营者确定要做一个什么类型的新媒体账号，然后通过这个账号获得什么样的用户群体，同时这个账号能为用户提供哪些价值。运营者需要从多个方面去考虑账号定位，不能单纯地只考虑自己，或者只打广告和卖货，而忽略了给用户带来的价值，这样很难运营好账号，也难以得到用户的支持。下面从3个方面对新媒体账号的定位进行深入剖析。

扫码看教学视频

1. 揭秘定位关键点，让用户定位账号更有方向

定位（Positioning）理论的创始人杰克·特劳特（Jack Trout）曾说过："所谓定位，就是令你的企业和商品与众不同，形成核心竞争力；对受众而言，即鲜明地建立品牌。"

其实，就新媒体账号定位来说，还需要思考一些关键问题，具体如图1-7所示。

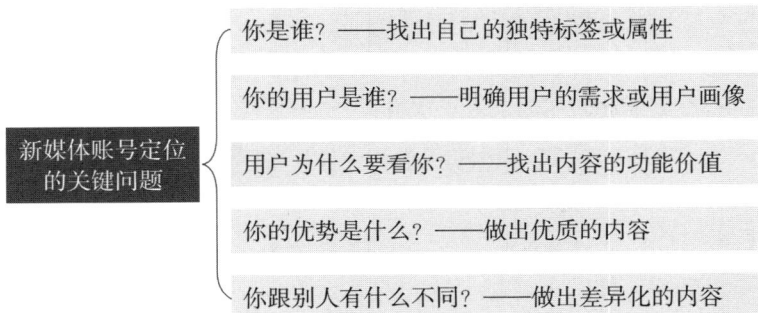

图 1-7　新媒体账号定位的关键问题

以抖音为例，该平台上不仅有数亿用户，而且每天更新的视频数量也在百万以上，那么如何让自己发布的内容被大家看到并喜欢呢？关键就在于做好账号定位。账号定位直接决定了账号的涨粉速度和变现难度，同时也决定了账号的内容布局和引流效果。

2. 账号定位步骤攻略，手把手教你操作

很多人做新媒体运营其实都是跟风，看到大家都在做，也跟着去做，根本没有考虑过自己的运营目的，到底是涨粉还是变现。以涨粉为例，蹭热点是非常快的涨粉方式，但这样的账号变现能力就会降低。

因此，运营者需要先想清楚自己做新媒体的目的是什么，如引流涨粉、推广品牌、打造知识产权（Intellectual Property，IP）、带货变现等。当运营者明确了运营账号的目的后，即可开始做账号定位，基本操作步骤如下。

（1）分析行业数据：在进入某个行业之前，先找出这个行业中的头部账号，看看他们是如何做好账号的；还可以通过专业的行业数据分析平台，找出行业的最新玩法、热点内容、热门商品和创作方向。

（2）分析自身属性：对于平台上的头部账号，其点赞量和粉丝量都非常高，他们通常拥有良好的形象、才艺和技能，普通人很难模仿，因此新媒体运营者需要从自身已有的条件和能力出发，找出自己擅长的领域，保证内容的质量和更新频率。

（3）分析同类账号：深入分析同类账号的新媒体题材，学习他们的优点，并找出不足之处或能够进行差异化创作的地方，以此来超越同类账号。

3. 给账号贴上特色标签，一秒抓住粉丝

想要做好账号定位，还要给账号贴上特色标签。标签指的是新媒体平台给运营者的账号进行分类的指标依据，平台会根据运营者发布的内容，给其账号打上

对应的标签，然后将运营者的内容推荐给对这类标签作品感兴趣的人群。这种个性化的流量机制，不仅增强了运营者的创作积极性，也提升了用户的观看体验。

例如，某个平台上有100个人，其中有50个人都对旅行感兴趣，还有50个人不喜欢旅行类的内容。此时，如果你刚好是做旅行类内容的，但却没有做好账号定位，平台没有给你的账号打上"旅行"这个标签，那么系统便会随机将你的内容推荐给平台上的所有人。

在这种情况下，你的内容很可能只会被50%的用户点赞和关注，而由于点赞率过低被认定为内容不够优质，系统将不再给你推荐流量。

只有做好新媒体账号的定位，给账号打上标签，你的账号才能在用户心中形成某种特定的印象。因此，对新媒体运营者来说，给账号打上标签是非常重要的。下面是一些给账号打标签的相关技巧，如图1-8所示。

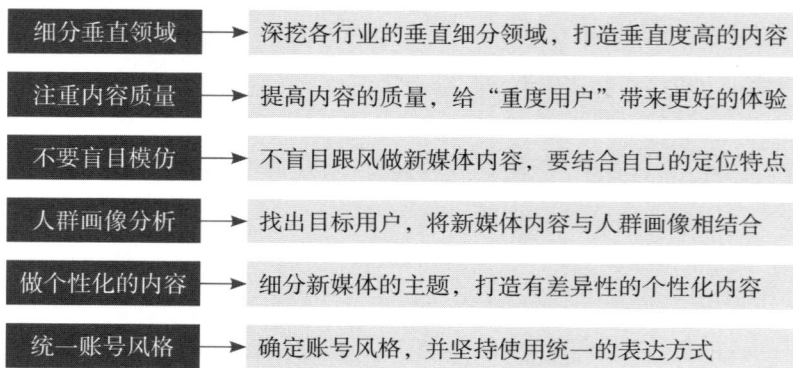

细分垂直领域	深挖各行业的垂直细分领域，打造垂直度高的内容
注重内容质量	提高内容的质量，给"重度用户"带来更好的体验
不要盲目模仿	不盲目跟风做新媒体内容，要结合自己的定位特点
人群画像分析	找出目标用户，将新媒体内容与人群画像相结合
做个性化的内容	细分新媒体的主题，打造有差异性的个性化内容
统一账号风格	确定账号风格，并坚持使用统一的表达方式

图 1-8　给账号打标签的相关技巧

1.4.2　做好内容定位，打造专属内容方案

扫码看教学视频

做新媒体运营，本质上还是做内容运营，那些能够快速涨粉和变现的运营者，都是靠优质的内容来实现的。通过内容吸引的用户，都是对运营者分享的内容感兴趣的人群，这种人群更加精准、更加靠谱。因此，内容是运营新媒体的核心所在，同时也是账号获得平台流量的核心因素。

下面对如何利用AI做新媒体内容定位、挖掘用户痛点、定位的要求和规则这4个方面进行详细阐述。

1. 怎么用AI做新媒体内容定位

对于新媒体运营，内容就是王道，而内容定位的关键就是用什么样的内容来吸引什么样的用户群体。

　　下面将介绍用AI做新媒体内容定位的方法，以及新媒体内容定位的技巧，帮助运营者找到一个特定的内容形式，快速实现引流和变现。以下是利用AI进行新媒体内容定位的方法，如图1-9所示。

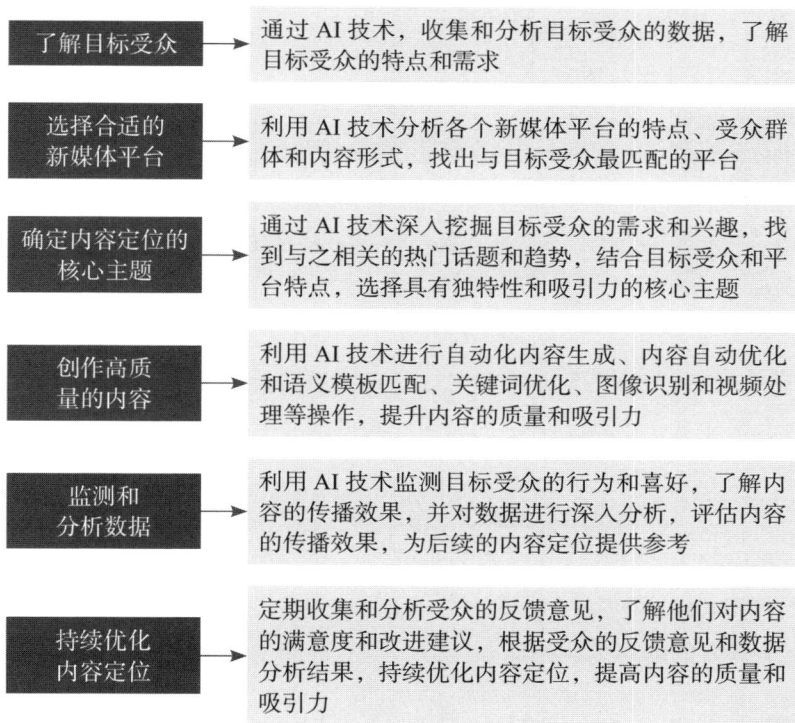

了解目标受众	通过 AI 技术，收集和分析目标受众的数据，了解目标受众的特点和需求
选择合适的新媒体平台	利用 AI 技术分析各个新媒体平台的特点、受众群体和内容形式，找出与目标受众最匹配的平台
确定内容定位的核心主题	通过 AI 技术深入挖掘目标受众的需求和兴趣，找到与之相关的热门话题和趋势，结合目标受众和平台特点，选择具有独特性和吸引力的核心主题
创作高质量的内容	利用 AI 技术进行自动化内容生成、内容自动优化和语义模板匹配、关键词优化、图像识别和视频处理等操作，提升内容的质量和吸引力
监测和分析数据	利用 AI 技术监测目标受众的行为和喜好，了解内容的传播效果，并对数据进行深入分析，评估内容的传播效果，为后续的内容定位提供参考
持续优化内容定位	定期收集和分析受众的反馈意见，了解他们对内容的满意度和改进建议，根据受众的反馈意见和数据分析结果，持续优化内容定位，提高内容的质量和吸引力

图 1-9　利用 AI 进行新媒体内容定位的方法

2. 深度挖掘，直击用户痛点

　　在新媒体平台上，运营者不能简单地去模仿热门内容，而要找到能够带来精准用户的内容，从而帮助自己获得更多的粉丝，这就是内容定位的要点。内容不仅可以直接决定账号的定位，而且还决定了账号的目标用户和变现能力。因此，在做内容定位时，不仅要考虑引流增粉的问题，还要考虑持续变现的问题。

　　运营者在做内容定位的过程中，要清楚一个非常重要的要素，即这个精准人群有哪些痛点。那么，什么是痛点？挖掘痛点又有什么作用呢？下面将进行具体解读。

　　（1）什么是痛点

　　痛点是指用户的核心需求，是新媒体运营者必须为他们解决的问题。对于用户的需求，运营者可以去做一些调研，最好采用场景化的描述方法（即具体的应用场景）。痛点其实就是人们日常生活中的各种不便，运营者要善于发现痛点，并帮助用户解决这些痛点。

（2）挖掘痛点有什么作用

找到目标用户的痛点，对运营者而言，主要有以下两个方面的好处，如图1-10所示。

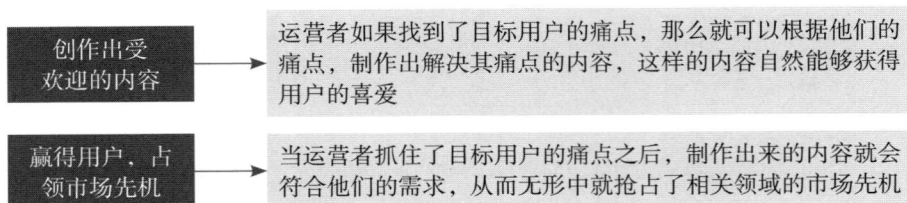

| 创作出受欢迎的内容 | → | 运营者如果找到了目标用户的痛点，那么就可以根据他们的痛点，制作出解决其痛点的内容，这样的内容自然能够获得用户的喜爱 |
| 赢得用户，占领市场先机 | → | 当运营者抓住了目标用户的痛点之后，制作出来的内容就会符合他们的需求，从而无形中就抢占了相关领域的市场先机 |

图 1-10　找到目标用户痛点的好处

对运营者来说，如果想要打造爆款内容，那么就需要清楚自己的目标用户最想看的内容是什么，也就是抓住目标用户的痛点，然后就可以根据他们的痛点来生产内容了。

3. 内容甄选，精准设置定位要求

对新媒体的内容定位而言，内容最终是为用户服务的，要想让用户关注你，或者点赞和转发你的内容，那么你的内容就必须要能够满足他们的需求。要做到这一点，运营者的内容定位还需要符合一定的标准，如图1-11所示。

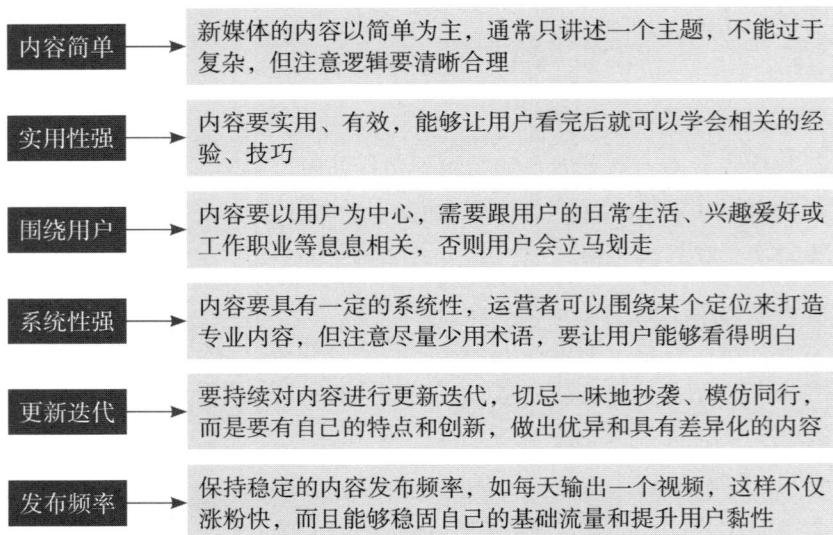

内容简单	→	新媒体的内容以简单为主，通常只讲述一个主题，不能过于复杂，但注意逻辑要清晰合理
实用性强	→	内容要实用、有效，能够让用户看完后就可以学会相关的经验、技巧
围绕用户	→	内容要以用户为中心，需要跟用户的日常生活、兴趣爱好或工作职业等息息相关，否则用户会立马划走
系统性强	→	内容要具有一定的系统性，运营者可以围绕某个定位来打造专业内容，但注意尽量少用术语，要让用户能够看得明白
更新迭代	→	要持续对内容进行更新迭代，切忌一味地抄袭、模仿同行，而是要有自己的特点和创新，做出优异和具有差异化的内容
发布频率	→	保持稳定的内容发布频率，如每天输出一个视频，这样不仅涨粉快，而且能够稳固自己的基础流量和提升用户黏性

图 1-11　内容定位的 6 个标准

4. 内容布局，细化定位的规则

新媒体平台上的大部分爆款内容，都是经过运营者精心策划的，因此内容定位也是成就爆款内容的重要条件。运营者需要始终围绕定位来策划内容，保证内容的方向不会产生偏差。以短视频的新媒体内容为例，在进行内容定位规划时，运营者需要注意以下几个规则。

（1）选题有创意

内容的选题尽量独特、有创意，同时要建立自己的选题库和标准的工作流程，不仅能够提高创作的效率，而且还可以刺激用户持续观看的欲望。例如，运营者可以多收集一些热点加入到选题库中，然后结合这些热点来创作内容。

（2）情节有反差

短视频通常需要在短短几十秒内将大量的信息清晰地叙述出来，因此内容通常都比较紧凑。尽管如此，运营者还是要脑洞大开，在情节上安排一些冲突反差，来吸引用户的目光。

（3）内容有价值

不管是哪种内容，都要尽量给用户带来价值，让用户认为值得为你付出时间成本，来看完你的内容。例如，做搞笑类的短视频，那么就需要能够给用户带来快乐；做美食类的短视频，就需要让用户产生食欲，或者让他们有实践的想法。

（4）情感有对比

内容可以源于生活，采用一些简单的拍摄手法，来展现生活中的真情实感，同时加入一些情感的对比，这种内容反而更容易打动用户，主动带动用户的情绪和气氛。

（5）时间有把控

运营者需要合理地安排短视频的时间节奏，以抖音默认的拍摄15秒短视频为例，这是因为这个时长的短视频是最受用户喜欢的，短于7秒的短视频不会得到系统推荐，长于30秒的短视频用户很难坚持看完。

1.4.3　借助AI技术，打造新媒体精准定位策略

扫码看教学视频

在当今这个信息爆炸的时代，新媒体平台如雨后春笋般涌现，为企业和个人提供了前所未有的传播与互动机会。然而，面对海量用户和内容，如何精准定位自己的新媒体账号，使之成为目标受众关注的焦点，成为一个亟待解决的问题。幸运的是，随着人工智能技术的飞速发展，我们正迎来一个全新的解决方案——借助AI技术，打造新媒体精准定位策略。

新媒体定位，简而言之，就是明确自己在新媒体平台上的角色、受众、内容方向及价值主张。一个清晰、准确的定位能够帮助账号快速吸引目标受众，建立品牌形象，提升用户黏性；反之，缺乏明确定位的新媒体账号往往难以在众多竞争者中脱颖而出，最终淹没在信息洪流之中。

通过大数据分析、自然语言处理、机器学习等先进技术，AI能够深入分析用户的行为、兴趣偏好、消费习惯等多维度数据，为新媒体账号提供精准的用户画像，这一能力极大地提升了定位的准确性和效率。

实施AI精准定位策略的关键步骤如下。

（1）数据的收集与整合：首先，需要收集并整合来自新媒体平台、第三方数据源及自有系统的多维度数据，为AI分析提供坚实的基础。

（2）AI模型训练与优化：利用收集到的数据，训练AI模型，使其能够准确识别用户的特征和需求。同时，随着新数据的不断涌入，持续优化模型性能，确保定位策略的时效性和准确性。图1-12所示为豆包平台上已被训练好的AI智能体，能够帮助运营者进行抖音账号的定位。

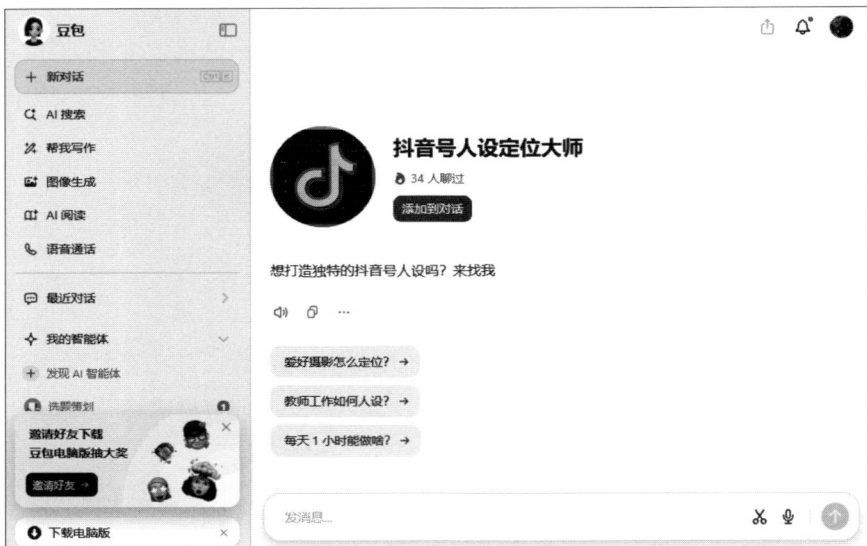

图 1-12　豆包平台上已被训练好的 AI 智能体

（3）策略制定与执行：基于AI分析结果，制定新媒体定位策略，包括内容方向、发布频率、互动方式等。在执行过程中，密切关注用户反馈，及时调整策略，确保定位精准、有效。

（4）效果评估与迭代：定期评估定位策略的实施效果，包括用户增长情况、互动率、转化率等关键指标。根据评估结果，不断优化定位策略，形成良性循环。

　　随着AI技术的不断进步和应用场景的拓宽，新媒体精准定位策略将更加智能化、个性化。未来，AI将不再局限于数据分析层面，还将深入内容创作、用户互动、营销策略制定等多个环节，为新媒体账号提供全方位、智能化的支持。这将极大地提升新媒体账号的竞争力和影响力，推动新媒体行业向更高层次发展。

本章小结

　　本章首先介绍了AI新媒体的定义、特点及其与传统媒体的区别；然后探讨了AI在新媒体文案创作中的应用、挑战及未来的发展趋势；接着阐述了AI新媒体活动策划的关键要素与实施步骤；最后总结了新媒体定位的重要性，并介绍了如何利用AI技术实现精准定位。

课后习题

　　1. 简述AI新媒体的定义与特点。
　　2. 简述在内容定位过程中内容布局和细致定位的规则。

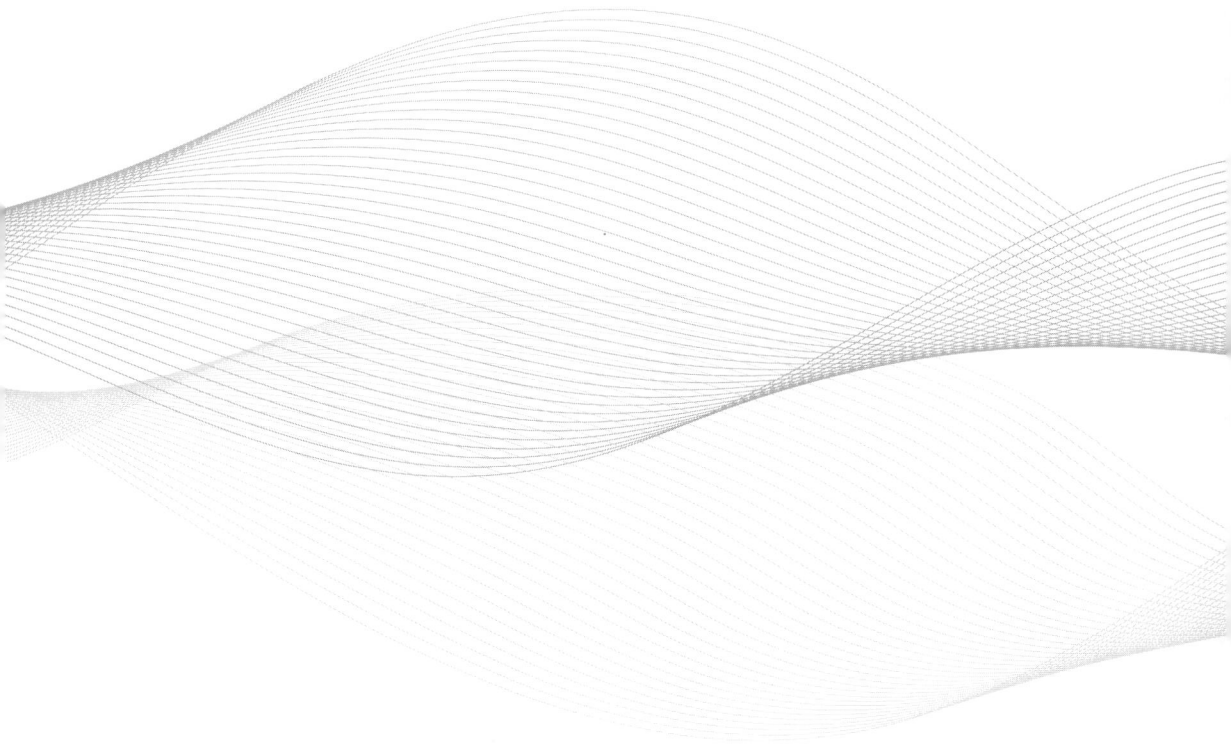

第 **2** 章

AI新媒体运营技巧

　　随着人工智能技术的飞速发展，AI在新媒体运营中扮演着日益重要的角色。本章将详细介绍如何利用AI技术优化新媒体的运营策略，包括引流吸粉、运营推广和市场营销等多个环节。通过解析AI在算法推荐、平台运营及个性化营销等方面的应用，逐一揭示AI如何助力新媒体运营者提升用户黏性、扩大自身的影响力，并最终实现商业价值的最大化。

2.1　用 AI 引流吸粉

　　本节将深入研究如何利用人工智能技术高效引流吸粉，为新媒体平台注入新的活力。首先揭示AI如何精准地参与算法推荐系统，实现内容与用户的完美匹配，从而提升曝光率与关注度；紧接着介绍一系列创新的AI引流方法，这些方法不仅能够拓宽用户基础，还能增强用户黏性，确保新媒体活动的持续成功。掌握AI引流策略，就把握住了未来营销的关键。

2.1.1　用AI参与算法推荐

　　AI推荐算法是一种利用人工智能技术，通过分析用户的行为、偏好和内容特征，自动向用户推荐其可能感兴趣的信息或产品的技术。

扫码看教学视频

　　通过AI算法，新媒体平台能够识别并推荐高质量的内容，这不仅能提升用户的阅读体验，还能有效地提升运营者账号的流量和影响力，从而为新媒体引流和品牌建设提供强大的助力。下面主要介绍AI推荐算法的实现方法，帮助大家看清新媒体平台流量的本质。

1. 用户行为分析

　　AI推荐算法会分析用户的历史行为，包括点击行为、浏览历史、停留时间、互动数据和搜索记录等，如图2-1所示，以确定用户的兴趣和偏好。

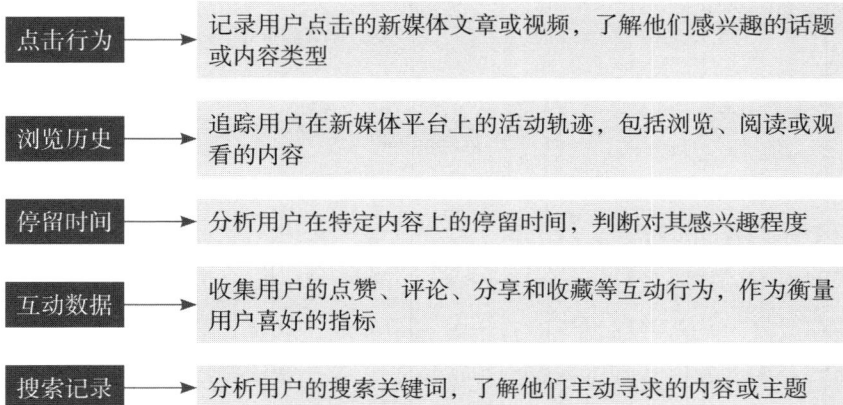

点击行为	记录用户点击的新媒体文章或视频，了解他们感兴趣的话题或内容类型
浏览历史	追踪用户在新媒体平台上的活动轨迹，包括浏览、阅读或观看的内容
停留时间	分析用户在特定内容上的停留时间，判断对其感兴趣程度
互动数据	收集用户的点赞、评论、分享和收藏等互动行为，作为衡量用户喜好的指标
搜索记录	分析用户的搜索关键词，了解他们主动寻求的内容或主题

图 2-1　分析用户的历史行为

　　在上述数据的基础上，AI会自动进行行为模式识别，通过分析用户的行为模式，识别出潜在的喜好和兴趣点；然后根据用户的注册信息，如年龄、性别和地理位置等构建基础用户画像，并基于用户行为分析，为用户打上不同的兴趣标签，如"科技爱好者""美食达人"等；最后根据用户的兴趣标签，推荐包含相关主题或关键词的内容。

通过用户行为分析，新媒体平台能够更好地了解用户需求，提供个性化的内容推荐，从而提高用户满意度和平台的参与度。随着技术的发展，用户行为分析将变得更加精细和智能，为新媒体平台带来更高的运营效率和更好的用户体验。

2. 内容理解

AI推荐算法不仅分析用户的行为，还需要理解内容本身，包括对新媒体内容的关键词、主题和情感倾向等进行分析，以确定新媒体内容的相关性和质量，进而为新媒体平台上的用户推荐个性化的内容。AI推荐算法内容理解的基本流程如图2-2所示。

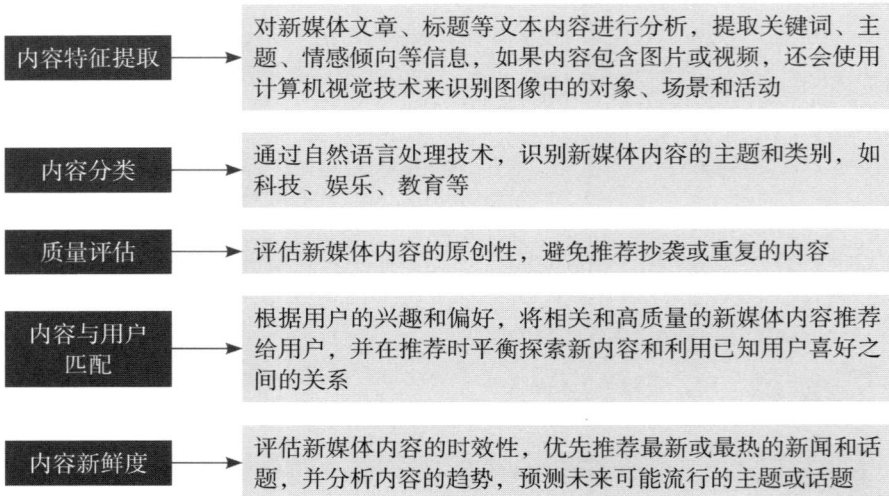

内容特征提取	对新媒体文章、标题等文本内容进行分析，提取关键词、主题、情感倾向等信息，如果内容包含图片或视频，还会使用计算机视觉技术来识别图像中的对象、场景和活动
内容分类	通过自然语言处理技术，识别新媒体内容的主题和类别，如科技、娱乐、教育等
质量评估	评估新媒体内容的原创性，避免推荐抄袭或重复的内容
内容与用户匹配	根据用户的兴趣和偏好，将相关和高质量的新媒体内容推荐给用户，并在推荐时平衡探索新内容和利用已知用户喜好之间的关系
内容新鲜度	评估新媒体内容的时效性，优先推荐最新或最热的新闻和话题，并分析内容的趋势，预测未来可能流行的主题或话题

图 2-2　AI 推荐算法内容理解的基本流程

3. 基于内容的推荐

基于内容的推荐（Content-based Recommendation）是一种推荐系统方法，它依据用户过去喜欢的新媒体内容特征向用户推荐具有相似特征的新内容。这种方法的核心在于分析和理解内容本身的属性，而不是依赖用户群体之间的交互行为。基于内容的推荐系统通常遵循以下步骤，如图2-3所示。

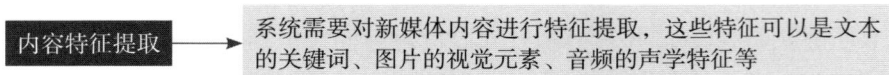

| 内容特征提取 | 系统需要对新媒体内容进行特征提取，这些特征可以是文本的关键词、图片的视觉元素、音频的声学特征等 |

用户偏好建模	系统根据用户过去的行为（如阅读、点赞、评论、分享等）建立用户偏好模型，明确用户喜欢的新媒体内容特征
内容表示	将新媒体内容表示为特征向量，这些向量能够反映内容的关键属性
相似度计算	计算待推荐的新媒体内容与用户偏好模型之间的相似度，常用的相似度计算方法包括余弦相似度、欧氏距离等
推荐内容	根据相似度排序，选择相似度最高的新媒体内容作为推荐候选，然后向用户推荐这些内容

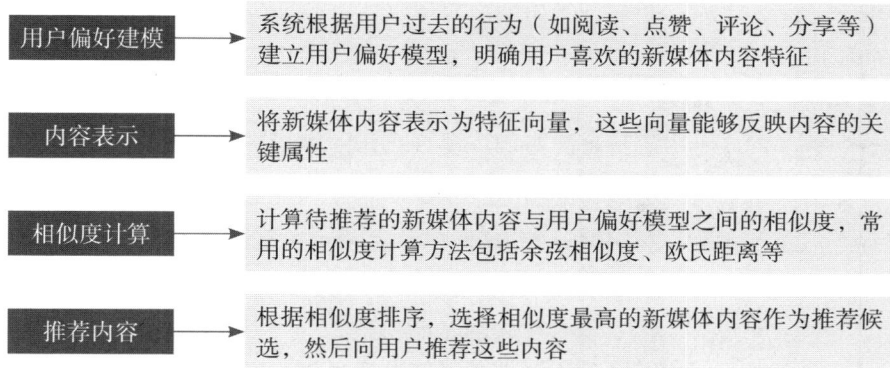

图 2-3　基于内容的推荐系统遵循的步骤

4. 算法驯化

在新媒体内容生产中，算法驯化是指运营者根据推荐算法的规则调整自己的内容创作策略，以获得更多的曝光量和流量。例如，假设一个专注于美食领域的新媒体运营者想要提高其视频在推荐系统中的表现，可以通过以下步骤实现，如图2-4所示。

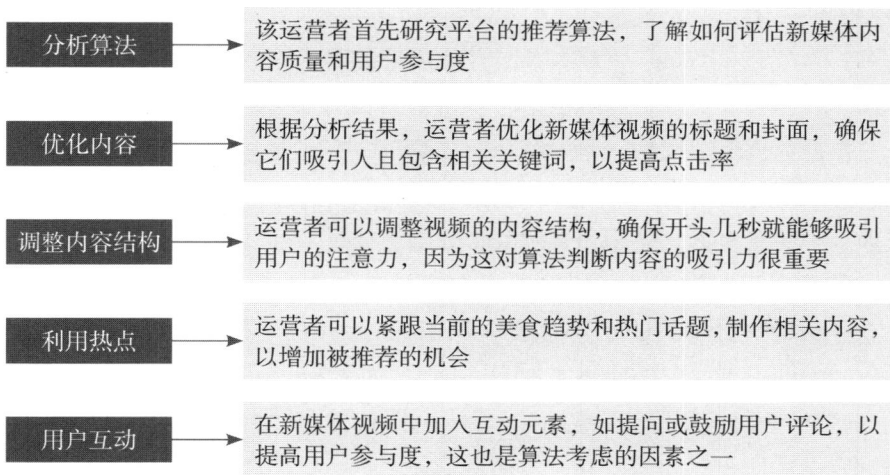

分析算法	该运营者首先研究平台的推荐算法，了解如何评估新媒体内容质量和用户参与度
优化内容	根据分析结果，运营者优化新媒体视频的标题和封面，确保它们吸引人且包含相关关键词，以提高点击率
调整内容结构	运营者可以调整视频的内容结构，确保开头几秒就能够吸引用户的注意力，因为这对算法判断内容的吸引力很重要
利用热点	运营者可以紧跟当前的美食趋势和热门话题，制作相关内容，以增加被推荐的机会
用户互动	在新媒体视频中加入互动元素，如提问或鼓励用户评论，以提高用户参与度，这也是算法考虑的因素之一

图 2-4　算法驯化步骤

2.1.2　用AI赋能新媒体引流

除了要掌握AI推荐算法，运营者还需要掌握一些常用的新媒体引流技巧，如原创内容引流、付费推广引流、直播预告引流、评论功能引流、私域流量引流、矩阵账号引流、热门话题引流等，从而

扫码看教学视频

吸引更多关注。下面介绍几种常用的新媒体引流方法，同时分析AI在某些引流方法中的作用。

1. 原创内容引流

对新媒体行业来说，流量的重要性显然是不言而喻的，很多运营者都在利用各种各样的方法来为账号或作品引流，目的就是希望能够增加粉丝数量，打造爆款内容。流量的提升说难不难，说容易也不容易，关键是看你怎么做，舍得花钱可以采用付费渠道来引流，规模小的运营者则可以充分利用免费流量来提升曝光度。

对于有文章、短视频等创作能力的运营者，原创内容就是最好的免费流量。运营者可以把制作好的原创内容发布到新媒体平台，同时在账号资料部分进行引流，如昵称、个人简介等地方，都可以留下微信等联系方式。

2. 付费推广引流

在新媒体时代，内容的传播和用户的获取不再仅仅依赖自然增长，付费推广工具成了扩大影响力、精准触达目标用户的重要手段。通过付费推广工具，新媒体运营者可以更有效地推广自己的内容，吸引潜在的关注者，从而实现品牌传播和商业价值的增长。

AI可以优化付费推广策略，通过分析用户的行为、兴趣点等数据，精准定位目标用户群体，提高广告的点击率和转化率。利用AI技术，可以实时监测广告效果，并根据数据反馈调整广告内容和投放策略，实现更高效的推广效果。

例如，"DOU+上热门"是抖音平台上的一款视频"加热"工具，可以实现将视频推荐给更多的兴趣用户，提升视频的播放量与互动量，以及提升视频中带货产品的点击率。运营者可以在抖音上打开要引流的短视频，点击"分享"按钮，在弹出的"分享给朋友"面板中点击"帮上热门"按钮，如图2-5所示。执行操作后，即可进入"DOU+上热门"界面，如图2-6所示。

在"DOU+上热门"界面中，运营者可以选择智能推荐人数和推广目标，同时还可以设置期望提升的目标，包括点赞评论量、快速涨粉、主页浏览量等。另外，运营者能自行选择投放时长、投放人群，以及设置潜在用户地域、兴趣标签和达人相似粉丝等属性。

"DOU+上热门"工具适合有店铺、有产品、有广告资源、有优质内容等新媒体账号流量不足的运营者。注意，投放DOU+的视频必须是原创视频，内容完整度好，视频时长超过7秒，且没有其他App水印和非抖音站内的贴纸或特效。只要运营者的内容足够优秀，广告足够有创意，就有很大概率将DOU+付费获取的用户转化为留存用户，甚至变为二次传播的跳板。

图2-5　点击"帮上热门"按钮

图2-6　"DOU+上热门"界面

3. 直播预告引流

很多运营者在直播的过程中，都遇到过引流效果差、直播观看人数不稳定、缺少粉丝互动等问题。AI可以预测热门话题和趋势，帮助确定直播的主题和内容，以吸引更多潜在的观众。另外，对用户来说，也有可能会遇到自己喜欢的运营者开播了，但自己却不知道的情况，从而错过了精彩的内容和优质的商品。运营者可以利用AI分析工具，分析历史直播数据，找出观众参与度最高、互动最频繁的时段，从而优化直播预告的发布时间。

下面介绍一些常用的直播引流技巧，帮助运营者让自己的直播间触达更多潜在的用户，提升直播间的精准推荐与转化效果。

（1）利用直播预告贴纸吸粉

运营者可以发布直播预告视频，将直播时间和主题提前告诉用户，提升看播量和流量转化效率，同时还可以进行精准"种草与收割"。另外，运营者还可以分析直播预告视频的观看和互动数据，提前预估直播流量，做好充分的准备工作，为直播间观众带来更好的互动体验。

（2）主播个人页直播动态吸粉

运营者可以在自己的个人主页中设置与修改直播公告，当用户访问账号主页时，可以随时在"直播动态"栏中看到运营者发布的直播公告信息，点击后可以进入其详情界面，点击"想看"按钮进行预约。

在运营者的"直播动态"详情界面中，所有粉丝都可以看到运营者过去直播场次的历史回顾，让开播历史有迹可循，同时让运营者的形象更加丰富立体。对新用户来说，可以通过直播动态的回顾，加强与主播的互动与情感共鸣，增强用户黏性，提高转化率。

（3）直播引流的相关技巧

下面总结了一些直播引流的相关方法与技巧。

① 开播预热：在直播开始前3小时左右，发布一条短视频进行预热，这样开播时能够快速吸引粉丝进入直播间观看。

② 直播预告：运营者可以在个人主页的简介区中，发布直播预告动态内容，告诉粉丝直播时间和主题。

③ 开播时间：运营者必须根据自己的粉丝群体属性来确定开播时间，确保在开播时粉丝也有时间，这样直播时才会有更多粉丝观看。

④ 标题封面：好看的封面能够让直播间赢得更多用户的关注，从而获得更多曝光量；而在设计标题时，则要尽量突出运营者的个人特点和内容亮点，展示主要的直播内容。

⑤ 分享直播间：当运营者开播后，可以将直播间分享给好友和粉丝，同时充分展示自己的才艺，并通过各种互动玩法提升直播间的人气。

⑥ 参与直播活动：运营者也可以积极参与平台推出的直播活动，赢取更多曝光机会和流量资源。

4. 评论功能引流

AI可以监测和分析用户的评论，识别出潜在的积极评论者并引导他们进行更多互动。对于负面评论，AI可以辅助运营者快速响应并提供解决方案，以减少负面影响并维护良好的用户关系。

另外，新媒体运营者也可以通过关注同行业或同领域的相关账号，评论他们的热门作品，并在评论中打广告，给自己的账号或者产品引流。

5. 私域流量引流

AI可以帮助运营者识别并吸引目标用户群体进入私域流量池，如微信群、QQ群等，运营者可以在此将自己的文章、短视频或直播间分享给目标用户。通过分析用户数据和行为模式，AI可以制定个性化的私域流量运营策略，如定期推送有价值的内容、举办线上活动等，以增强用户黏性，提高用户活跃度。

以微信为例，运营者可以将抖音上的短视频作品分享给微信好友，如图2-7

所示。收到短视频作品的用户可以直接在微信聊天界面中点击该视频，打开查看视频内容，同时还会展示运营者的抖音账号，引流效果更好。

图 2-7　将抖音上的短视频作品分享给微信好友

6. 矩阵账号引流

矩阵账号是指通过同时运营多个不同类型的新媒体账号，来打造一个稳定的粉丝流量池，整体的运营思维为"大号打造IP+小号辅助引流+最终大号转化"。

打造矩阵账号通常需要建立一个短视频团队，至少要配置2名运营者、1个拍摄人员、1个后期剪辑人员及1个营销推广人员，从而保障矩阵账号的顺利运营。在打造矩阵账号时，还有很多注意事项，如图2-8所示。

AI可以协助运营者管理多个新媒体账号，形成一个互相支持的矩阵账号体系。通过在不同账号间互相转发、分享内容等方式，可以扩大内容的传播范围并吸引更多的潜在用户。另外，AI还可以分析不同账号间的互动数据，找出最佳的合作方式和内容组合策略，以实现更高效的引流效果。

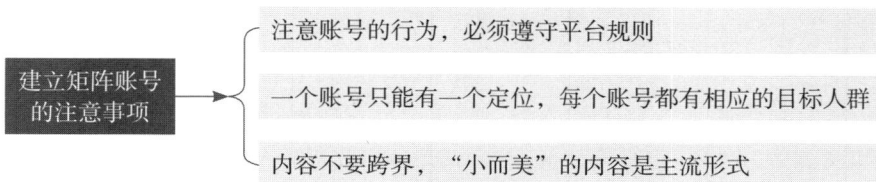

图 2-8　建立矩阵账号的注意事项

7. 热门话题引流

大家千万不要小看热门话题的作用，尤其是对想涨粉和带货的运营者来说，一定要多留意热门话题。热点的传播速度非常快，运营者只要在热点出现的第一时间，马上发布蹭热门话题的内容，即可大幅增加内容的曝光量和粉丝量。

运营者可以利用AI技术实时监测社交媒体平台上的热门话题和趋势，及时发布相关内容以吸引用户关注。运营者还可以利用AI分析工具深入了解热门话题的用户群体特征和兴趣点，从而制定更具针对性的内容策略。

运营者在新媒体平台上发布内容后，平台会根据这个热点的热度，以及内容与热门话题的相关性，为内容分配相应的流量。

8. 线下POI引流

新媒体的引流是多方向的，既可以从平台的公域流量池或者跨平台引流到账号本身，也可以将自己的私域流量引导至其他的线上平台。尤其是本地化的新媒体账号，还可以通过平台给自己的线下实体店铺引流。

例如，用抖音给线下店铺引流的最佳方式就是开通企业号，并利用"认领POI地址"功能，在兴趣点（Point Of Interest，POI）地址页展示店铺的基本信息，实现从线上到线下的流量转化。

当然，要想成功引流，运营者还必须持续输出优质的内容，保证稳定的更新频率并多与用户互动，并打造好自身的产品，做到这些可以为自己的新媒体账号带来长期的流量。

2.2 用 AI 运营推广

在数字化转型的浪潮中，本节将深入探讨如何利用人工智能技术为新媒体的运营推广注入全新活力。AI不仅能够精准分析用户的行为，实现内容的个性化推送，还能通过智能生成与编辑技术，大幅提升内容创作的效率与质量。本节旨在揭示AI如何成为新媒体运营推广的强大引擎，助力运营者在激烈的市场竞争中脱颖而出，开启智能化传播的新篇章。

2.2.1 用AI玩转新媒体平台

主流的新媒体平台如抖音、快手和B站等，涵盖了文字、图片、音频和视频等多种内容形式，满足了用户多样化的需求。随着AI的兴起，这些主流新媒体平台也紧跟潮流，利用人工智能、大数据等先进技术，为

扫码看教学视频

用户提供了更加个性化、智能化和趣味性强的AI玩法。下面对几款热门新媒体平台的玩法进行详细介绍。

1. 抖音平台的AI玩法

抖音是一款音乐创意短视频社交软件，整合了国内"抖友"发布的内容丰富、数量众多的短视频。随着技术的发展，抖音更是推出了很多AI玩法，为用户带来了更便捷、更智能、更有趣的创作和互动体验。下面介绍一些抖音平台的AI玩法。

（1）智能推荐功能。抖音通过深度学习和机器学习算法，对用户的浏览历史、点赞和评论等行为进行大数据分析，为每个用户生成个性化的内容推荐。用户每次打开抖音，都能看到自己感兴趣的内容。用户可以进入"常用功能→内容偏好→我的内容偏好"界面，设置智能推荐功能，如图2-9所示。

图2-9　设置智能推荐功能

（2）AI特效与滤镜功能。抖音提供了大量的AI特效和滤镜，用户可以通过简单的操作，为视频添加各种炫酷的效果。图2-10所示为抖音上的"魔法特效"功能，使用它可以拍出很多有趣的视频效果。

图 2-10　抖音上的"魔法特效"功能

（3）换脸功能。抖音平台的AI换脸功能允许用户将自己的面部特征替换到明星或动漫人物身上，创作出有趣的换脸视频，给用户带来了全新的体验，相关示例如图2-11所示。

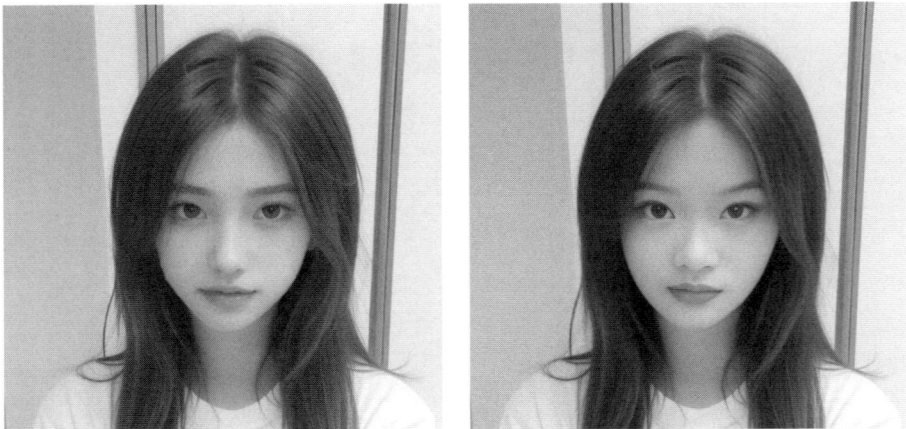

图 2-11　抖音的 AI 换脸功能示例

（4）智能剪辑与配乐功能。抖音内置了智能剪辑和配乐功能，用户只需上传视频素材，抖音就能根据视频内容自动剪辑和配乐，生成符合节奏和氛围的视频作品，如图2-12所示。

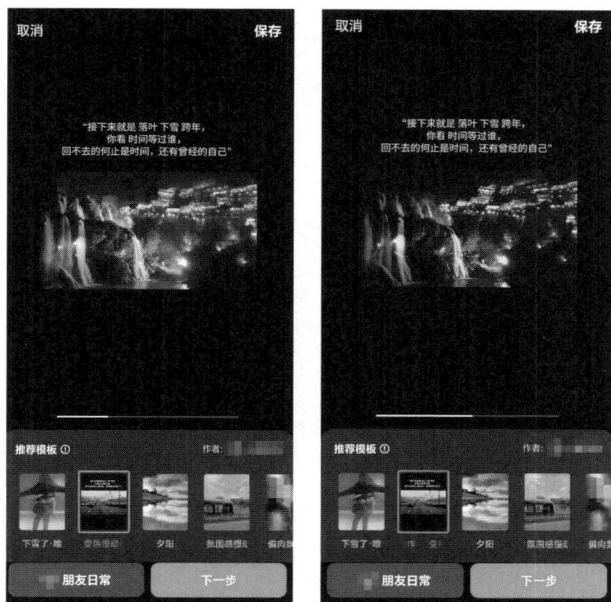

图 2-12　抖音的智能剪辑与配乐功能

2. B站平台的AI玩法

B站是一个拥有大量用户和视频内容的弹幕视频网站。在B站上，用户可以观看各种类型的视频，包括动画、游戏、科技、生活和娱乐等多个领域。同时，B站也支持用户上传和分享自己的原创视频，形成了一个庞大的视频内容库。下面介绍一些B站平台的AI玩法。

（1）AI自动生成弹幕功能。使用B站的AI自动生成弹幕功能，系统会根据视频内容或特定算法推荐一些弹幕内容，包括相关热点、观点和笑点等，能为用户带来更加丰富和互动性强的观看体验。

（2）AI续写功能。B站的AI续写功能允许用户基于已有的文本或视频内容，通过AI技术自动生成后续的文本或视频内容。用户可以通过限定主题和框架来定制内容，以满足不同的创作需求。

（3）扩图功能。B站的AI扩图功能可以根据图像内容预测和补充扩展出来的部分，从而在原图基础上生成更丰富的图像，相关示例如图2-13所示。不过，生成的图片效果随机，有些离谱又搞笑，深受用户喜爱。

（4）AI绘画功能。B站的AI绘画功能是一种创新性的绘画工具，为用户提供了丰富的艺术风格和绘画技巧。AI绘画功能具有语音创作、文字创作和风格创作3种模式，帮助用户快速生成高质量的艺术作品，相关示例如图2-14所示。

图 2-13　AI 扩图功能的相关示例

☆ 专 家 提 醒 ☆

运营者在使用 B 站平台的 AI 绘画功能时，要注意以下几点。

（1）在编写关键词时，推荐使用形容词＋主语的方式，避免写动词。

（2）描述要尽可能具体，并可以指定特殊的艺术风格或媒介。

图 2-14　AI 绘画功能的相关示例

3. 头条号平台的AI玩法

头条号是自媒体平台，该平台主要致力于帮助企业、机构和媒体在移动端获得更多曝光和关注。头条号的AI玩法在内容创作、分发和用户互动等多个方面都展现出了强大的能力，为运营者和用户带来了诸多便利和优势。下面介绍一些头条号平台的AI玩法。

（1）AI跨平台功能。头条号的AI跨平台功能允许运营者将他们的内容一键同步到多个平台，从而实现跨平台的发布和推广。另外，它能自动识别不同平台的特点和规则，对内容进行智能适配和优化，确保内容在不同平台上都能呈现出最佳效果。

（2）AI排名分析功能。头条号的AI排名分析功能，可以帮助运营者和编辑深入了解头条平台上文章的排行状况，通过精密分析，迅速识别出最热话题和最受欢迎的文章类型，从而为运营者提供明确的写作方案。

（3）AI关键词分析功能。头条号的AI关键词分析功能，可以针对文章关键词进行深度分析。借助这个功能，运营者可以精准定位合适的关键词，并了解其探索量及竞争力状况，从而使文章在头条平台得到更大的展现。

4. 微博平台的AI玩法

微博是一种基于用户关系信息分享、传播及获取的网络平台。微博的AI玩法非常有趣和多样化，在提升用户体验、优化社交互动和赋能平台博主等方面都发挥了重要作用。下面介绍一些微博平台的AI玩法。

（1）明星AI情感伴聊功能。微博推出的明星AI情感伴聊功能，允许用户向明星发送私信，并授权使用AI助手进行自动回复，相关示例如图2-15所示。AI助手会模拟明星的聊天方式和风格，以提供更具真实感的互动体验。

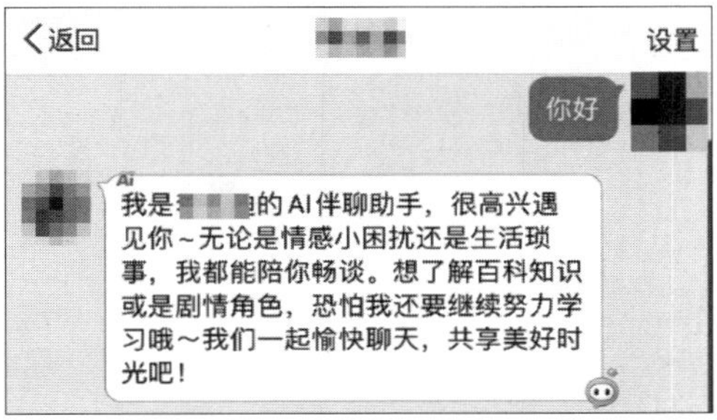

图 2-15　明星 AI 情感伴聊功能的相关示例

（2）AI玩评功能。微博推出了"评论罗伯特"AI机器人，它以搞笑、有趣的评论风格深受用户喜爱，如图2-16所示。"评论罗伯特"会自动跑到网友的微博下进行评论，为用户的微博增加氛围。

图2-16　"评论罗伯特"AI机器人

（3）热门微博推荐功能。热门微博推荐功能利用人工智能技术对大量微博内容进行筛选和分析，从而推荐出最受用户欢迎、最具热度的微博内容。这些热门微博通常具有较高的阅读量、转发量、评论量和点赞量，能吸引大量用户关注和讨论。

2.2.2　用AI赋能新媒体运营

在数字化和智能化的大潮中，新媒体平台的运营也迎来了AI技术的全面渗透。新媒体平台的AI运营策略不仅提高了运营效率，也极大地提升了用户体验和平台效益。下面将对新媒体平台的AI运营策略进行深入分析和讨论，并结合实际案例展示其应用效果，强调AI运营策略在新媒体平台发展中的重要性。

扫码看教学视频

1. 智能内容生成

在新媒体平台上，内容的生成是一个既需要速度又需要质量的过程。传统的内容生产方式往往依赖人工编辑的策划和撰写，这不仅耗时耗力，而且难以应对日益增长的用户需求。而AI技术的引入，为内容生成提供了新的可能。

智能内容生成主要依赖自然语言处理和机器学习等技术。通过训练模型，AI能够学习并模仿人类的语言习惯，生成符合语法和语境的文本内容，满足用户对信息的需求。

以新闻资讯平台为例，许多平台已经采用了AI技术来自动生成新闻稿件。通过对海量新闻数据的分析和学习，AI能够自动抓取关键信息，并生成简洁、准确的新闻稿件。这不仅大大提高了内容生成的速度和效率，而且保证了新闻内容的时效性和准确性。

2. 用户画像与精准营销

在新媒体平台上，用户是运营的核心，了解用户的需求和兴趣，是制定有效营销策略的基础。AI技术通过收集和分析用户数据，可以帮助平台构建精准的用户画像，制定有针对性的营销策略，为精准营销提供有力支持，相关分析如下。

（1）用户画像的构建

用户画像是对用户的行为、兴趣和偏好等方面的全面描述。在新媒体平台上，AI技术通过对用户数据的深度分析，能够迅速且准确地构建出用户画像。这些画像不仅包含用户的年龄、性别、地域和职业等基本信息，还能深入挖掘用户的兴趣点和潜在需求。基于这些画像，平台可以制定更加精准的营销策略，实现个性化推送和精准营销。

（2）精准营销的实际应用

基于用户画像，新媒体平台可以制定更加精准的营销策略，实现个性化推送和精准营销。以下是一些精准营销的实际应用案例。

① 个性化内容推荐：根据用户画像中的兴趣和偏好，平台可以向用户推荐符合其口味的文章、视频和音乐等内容，能够增加平台的用户活跃度和流量。

② 精准广告投放：通过分析用户画像中的基本信息和兴趣点，平台可以将广告投放到目标用户群体中。这种精准投放不仅可以提高广告的点击率和转化率，还能降低广告成本，提高广告效果。

③ 定制化服务：基于用户画像中的职业、需求等信息，平台可以为用户提供定制化的服务。例如，在线教育平台可以根据学生的学习情况和需求，为其推荐合适的课程和学习资源；电商平台可以根据用户的购物习惯和偏好，为其推荐符合其需求的商品和服务。

3. AI客服与智能互动

在新媒体时代，用户与平台之间的互动质量，直接关系到平台的用户黏性和活跃度。面对海量的用户咨询与反馈，传统的人工客服模式已显得力不从心，AI客服与智能互动技术的引入，正成为解决这一挑战的关键。

AI客服系统的出现，是技术进步的直接体现。借助自然语言处理技术，AI客服能够与用户进行流畅、实时的交流。无论是产品咨询、服务疑问还是故障报修，AI客服都能提供迅速且专业的回应，相关示例如图2-17所示。

图 2-17　AI 机器人客服示例

这种自动化的客服模式极大地提高了响应速度和服务效率，使得用户的问题能够得到及时解决，提高了用户的满意度。同时，对新媒体运营者而言，AI客服的引入显著降低了人工成本，实现了运营成本的优化。

与AI客服相辅相成的是智能互动系统的广泛应用。通过语音识别和图像识别技术，智能互动系统为用户提供了更加多元化的交互方式。用户只需通过简单的语音指令，就能控制平台的各项功能；或者通过拍照上传图片，系统便能迅速识别并提供相关内容。这种直观、便捷的互动体验，无疑极大地提升了用户的使用感受。

4. AI社群运营

在当今的新媒体时代，社群运营已经成为建立用户关系、提高用户活跃度和留存率的关键手段。随着AI技术的不断发展，其在社群运营中的应用也日益广泛，为新媒体平台带来了更加智能和高效的社群管理方式，相关分析如下。

（1）AI助力社群自动化管理

社群中的违规行为和不良信息一直是困扰运营者的难题。AI技术的引入，为这一问题提供了有效的解决方案。通过自动化工具和技术手段，新媒体平台可以实时监测社群中的动态，自动识别和过滤违规内容，保持社群的健康和秩序。

同时，AI技术还可以对社群成员进行智能分类和标签化，通过分析用户的发言、互动和行为数据，AI可以识别出用户的兴趣、偏好和角色定位，为社群管理提供更加精准的数据支持。这使得新媒体平台能够更好地了解用户需求，提供更加符合用户期望的服务和活动。

（2）AI提升社群智能互动体验

在社群互动中，用户希望获得及时、便捷的响应和服务。AI技术的引入，使得新媒体平台能够为用户提供更加智能和个性化的互动体验。借助先进的智能聊天机器人和语音识别等技术手段，新媒体平台可以为用户提供24小时不间断的在线客服服务，确保用户的疑问和问候能够得到即时的解答。

2.3　用AI赋能营销

通过运用AI进行精准的个性化推荐系统、广告投放与效果评估，企业能够更准确地触达目标受众，实现营销效果的最大化。AI不仅提升了营销效率，更赋予了新媒体营销前所未有的智慧与活力，成为推动行业发展的新引擎。

2.3.1　用AI构建个性化推荐系统

个性化推荐系统通过分析用户的浏览历史、购买记录、搜索行为等海量数据，能够深入了解用户的兴趣偏好和需求。基于这些数据，系统能够为用户提供高度个性化的推荐内容，如商品、文章和视频等。这种个性化的服务不仅提升了用户的满意度和黏性，还为新媒体运营者带来了更高的转化率和销售额。

扫码看教学视频

个性化推荐系统的构建主要依赖AI技术中的机器学习和数据挖掘算法。机器学习算法使系统能够自动学习用户的行为模式，预测用户未来的需求。数据挖掘算法则帮助系统从海量数据中提取有价值的信息，发现用户之间的相似性，以及不同内容之间的关联性。

具体来说，个性化推荐系统通常会采用以下几种算法，如图2-18所示。

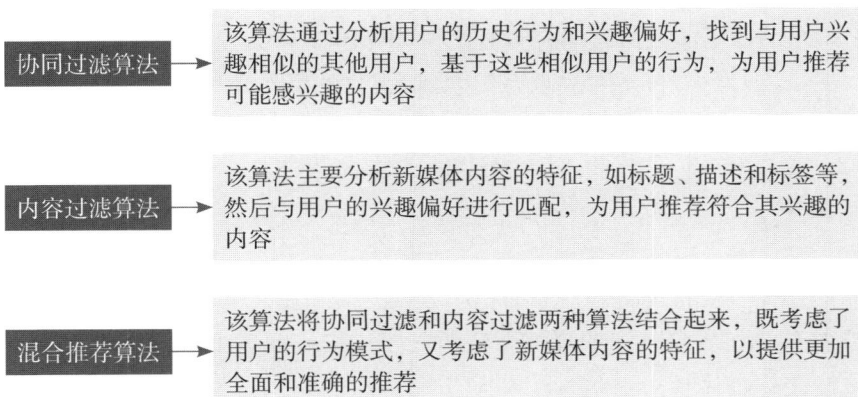

协同过滤算法	该算法通过分析用户的历史行为和兴趣偏好，找到与用户兴趣相似的其他用户，基于这些相似用户的行为，为用户推荐可能感兴趣的内容
内容过滤算法	该算法主要分析新媒体内容的特征，如标题、描述和标签等，然后与用户的兴趣偏好进行匹配，为用户推荐符合其兴趣的内容
混合推荐算法	该算法将协同过滤和内容过滤两种算法结合起来，既考虑了用户的行为模式，又考虑了新媒体内容的特征，以提供更加全面和准确的推荐

图2-18　个性化推荐系统采用的几种算法

2.3.2 用AI投放广告与评估效果

随着数字营销时代的到来，广告投放作为新媒体运营者推广的重要手段，正逐渐向着更加精准、高效和自动化的方向发展。AI技术的应用，使得人们在投放广告时能够实时分析用户的在线行为和兴趣偏好，从而确定最佳的广告投放时间和渠道，为智能广告投放与效果评估带来了革命性的变化。

AI技术通过深度学习和数据分析，能够洞察用户的潜在需求，并根据用户的个性化特征进行精准投放。这种投放方式不仅能够提高广告的点击率和转化率，还能够降低广告成本，提升营销效果。它主要通过3种方式实现，具体方式如下。

（1）实时用户行为分析：AI系统能够实时追踪用户的在线行为，包括浏览历史、搜索记录和购买偏好等，从而深入了解用户的兴趣和需求。

（2）个性化投放策略：基于用户行为分析的结果，AI系统能够为用户制定个性化的投放策略，如选择合适的广告内容、确定投放时间和渠道等。

（3）自动化优化：AI系统还能够根据用户的反馈和广告效果数据，自动调整广告内容和投放策略，实现广告效果的持续优化。

在投放广告的过程中，效果评估是至关重要的一环。AI技术通过数据分析和预测模型，能够为新媒体运营者提供详尽的广告效果报告，帮助运营者更准确地了解广告的效果，并做出具有针对性的优化措施，具体方法如下。

（1）多维度评估：AI技术能够评估广告的曝光量、点击率、转化率等多个指标，为新媒体运营者提供全面的广告效果评估。

（2）精准预测：基于历史数据和机器学习算法，AI系统能够预测广告未来的效果，帮助新媒体运营者提前调整投放策略。

（3）可视化报告：AI系统能够生成可视化的广告效果报告，使新媒体运营者更直观地了解广告效果，便于决策层快速做出决策。

本章小结

本章首先介绍了如何用AI引流吸粉，包括利用AI参与算法推荐来提升内容的曝光率，以及AI赋能新媒体引流的方法；接着阐述了如何用AI进行运营推广，包括在新媒体平台上的玩法和AI运营策略的制定；最后详细说明了如何用AI进行营销，包括构建个性化推荐系统以提高用户黏性，以及用AI投放广告与评估效果的方法，为AI新媒体运营提供了全面的指导。

课后习题

1. 直播预告引流的技巧有哪些?
2. 用AI运营的策略有哪几种?

【AI新媒体文案创作篇】

第3章

AI新媒体文案写作的
工具与技巧

在数字化时代，AI新媒体文案写作已成为内容创作的重要趋势。本章从介绍AI新媒体文案写作的5大实用工具开始，详细解析各工具的基本界面与功能；随后，通过细致入微的技巧讲解，指导读者如何设计并优化提示词，以激发AI工具的潜能；另外，还将分享从新手到专家的提示词进阶策略，助力读者在AI文案写作领域脱颖而出。

3.1 AI 新媒体文案写作的 5 大工具

在当今这个信息爆炸的时代，AI新媒体文案写作工具正逐渐成为内容创作者不可或缺的得力助手。本节将详细介绍AI文案写作的5大工具，分别是文心一言、Kimi、豆包、天工AI及ChatGPT。这些工具凭借强大的AI算法和便捷的操作界面，为新媒体运营者提供了高效、智能的写作解决方案，助力他们轻松应对日益增长的文案创作需求，开启文案创作的新篇章。

3.1.1 文心一言：界面与功能

文心一言作为百度打造的人工智能工具，其界面设计旨在为用户提供便捷、高效的交互体验，在新媒体文案创作过程中发挥了重要的作用。下面介绍文心一言网页版和手机版的界面及主要功能。

1. 文心一言网页版

文心一言网页版以简洁直观的页面设计，为用户提供了一种轻松愉悦的在线体验。用户可以轻松访问和使用各种功能，而无须面对复杂的操作流程，其页面中的各主要功能如图3-1所示。

扫码看教学视频

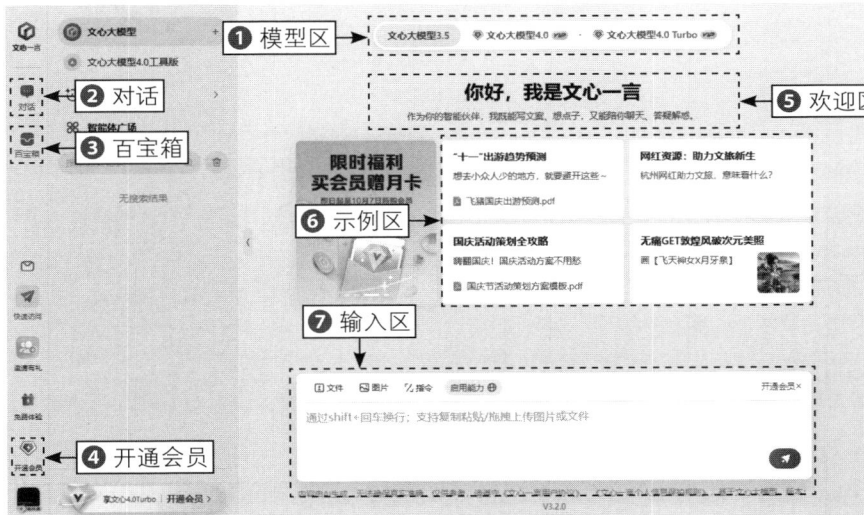

图 3-1 文心一言网页版的首页组成

下面对文心一言网页版页面中的各主要部分进行相关讲解。

❶ 模型区：在模型区包括文心一言的3大模型，如文心大模型3.5、文心大模型4.0、文心大模型4.0 Turbo，不同的版本在技术和应用上均有所突破。其中，文

心大模型3.5是免费提供给用户使用的，后面两种文心大模型需要用户开通会员功能才可以使用。

❷ 对话："对话"页面是文心一言的核心功能之一，为用户提供了一个与人工智能（Artificial Intelligence，AI）进行自然语言交互的平台。"对话"页面的最下方有一个输入框，供用户输入问题或文本信息。

❸ 百宝箱：百宝箱中有许多AI写作工具，例如提效max、AI绘画等。

❹ 开通会员：单击"开通会员"按钮，弹出相应的页面，其中显示了开通会员的相关介绍，如开通价格、权益对比等，该功能是文心一言商业化策略的一部分，旨在为用户提供更多高级功能和更好的使用体验，以满足用户更加个性化的需求。

❺ 欢迎区：显示了文心一言的相关简介，既能为用户提供文案和创意，又能陪用户聊天、解答疑惑。

❻ 示例区：对于初次接触文心一言的用户，示例区是一个快速了解产品特性和使用方法的途径，该区域提供了多种文案示例，单击示例，可以快速得到文心一言的回答。通过实际操作，用户可以更直观地了解文心一言的应用场景和优势。

❼ 输入区：用户可以在这里输入想要与AI交流的内容，如提问、聊天等，用户可以输入各种问题或需求，支持文字输入、文件输入、图片输入等，还可以创建自己常用的提示词，来提高AI办公效率。

2. 文心一言手机版

扫码看教学视频

文心一言手机版的设计宗旨是为用户提供一个高效、便捷、愉悦的在线体验，无论是工作还是娱乐，都能满足用户的需求。登录文心一言手机版后，即可进入文心一言的主界面，其组成如图3-2所示。

下面对文心一言App主界面中的各主要部分进行相关讲解。

❶ 设置☰：完成登录后，点击该按钮，会弹出设置面板，用户可以进行对话、个性化、通用和其他

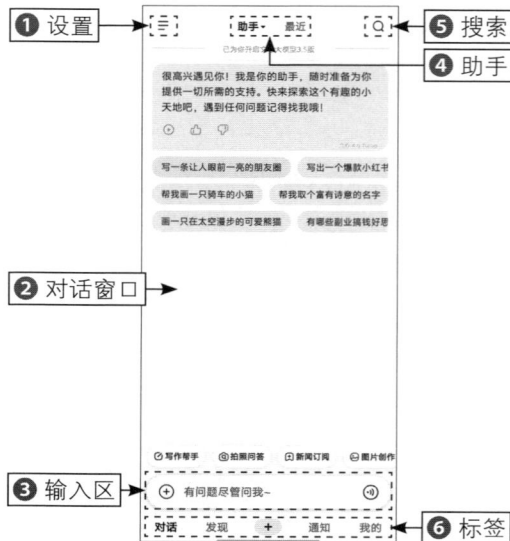

图 3-2　文心一言手机版的主界面组成

等方面的设置，以便文心一言手机版更符合用户的使用习惯。

❷ 对话窗口：这是用户与文心一言进行交流的主要区域，除了进行对话，文心一言还会在对话窗口中提供一些推荐的提示词和智能体，用户可以点击使用，体验多样的功能。

❸ 输入区：在该区域中，用户可以点击上传按钮⊕，在弹出的面板中选择上传的文件或与助手进行视频通话；也可以在输入框中输入提示词内容，以进行提问；还可以点击语音输入按钮◎，使用语音来输入提示词，让用户可以在不方便打字时继续进行提问。

❹ 助手：在"助手"选项卡中，用户可以直接进行提问，点击"助手"按钮，还会弹出助手设置面板，用户可以选择助手和语言风格；而在"最近"选项卡中，用户可以查看最近进行交流的助手和智能体，以便快速开始对话。

❺ 搜索Q：点击该按钮，会进入搜索界面，用户可以输入搜索词，对对话历史、智能体和社区内容进行搜索。

❻ 标签：默认进入的是"对话"标签所在的界面，也是用户与AI进行交流的常用界面。另外，点击"对话"标签右侧的几个标签，可以切换至对应的界面进行体验。例如，"发现"界面提供了丰富的智能体和互动性强的社区内容；"通知"界面会显示平台发送的和账号获得的所有通知；"我的"界面会显示账号的关注、粉丝和获赞情况，以及账号发布的社区内容、智能体、收藏和赞过的内容。

3.1.2 Kimi：界面与功能

Kimi能够理解和回应用户的自然语言问题，无论是日常对话还是新媒体专业知识，都能提供相应的回答，它支持中文和英文对话，满足多语言用户的需求。下面对Kimi界面中的各项功能进行讲解。

1. Kimi网页版

Kimi网页版的首页组成如图3-3所示。

下面对Kimi网页版首页中的各主要部分进行相关讲解。

扫码看教学视频

❶ 工具栏：完成登录后，工具栏中的"登录"按钮会变成用户头像。另外，工具栏中还包含6个按钮，分别为"回到首页"按钮⊞、"开启新会话"按钮⟳、"历史会话"按钮⊡、Kimi+按钮⊛、"扫码下载Kimi智能助手"按钮⊡和"下载Kimi浏览器助手"按钮⟳，单击任意按钮，用户可以进入相应的页面，进行操作。

图 3-3　Kimi 网页版的首页组成

❷ 输入区：该区域包含输入框、"联网搜索"按钮 ● 、常用语按钮 ⊗ 、上传按钮 ◐ 和发送按钮 ▷ ，用户可以在此输入提示词、调整Kimi的联网状态、调用常用语、上传文件和发送内容，以便向AI提问。

❸ 推荐：在首页，Kimi会推荐一些热门问题和实用工具，用户可以单击自己感兴趣的内容，体验提问的乐趣。

2. Kimi手机版

Kimi手机版的全名为"Kimi智能助手–超长记忆AI助手"，既拥有Kimi网页版同样强大的功能，又具备了手机版特有的便捷性。下面介绍Kimi手机版主界面的组成，如图3-4所示。

扫码看教学视频

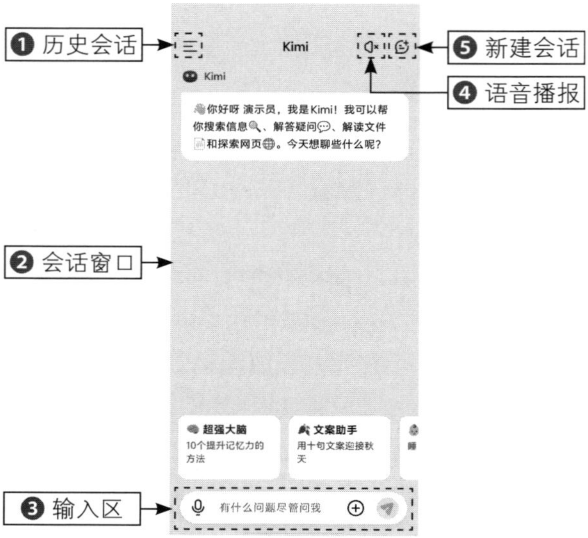

图 3-4　Kimi 手机版主界面的组成

下面对Kimi手机版主界面中的各主要部分进行相关讲解。

❶ 历史会话☰：当用户登录Kimi账号后，点击该按钮，将进入历史会话界面，查看之前的会话记录。

❷ 会话窗口：这是用户与Kimi进行交流的主要区域，用户可以在这个区域中查看和使用Kimi推荐的提示词，并与Kimi直接进行对话。

❸ 输入区：在该区域中，点击语音输入按钮🎤，可以切换至语音输入状态；点击输入框，可以在其中输入问题或提示词；点击上传按钮⊕，可以上传手机中的图片和TXT、PDF等格式的文件，以及Word文档、PPT幻灯片、Excel电子表格等，让Kimi进行阅读、理解和回复。

❹ 语音播报◁×：该按钮默认为关闭状态，如果用户需要AI自动播报生成的回复，可以点击该按钮，启用语音播报功能，启用后，该按钮会变成🔊状态。

❺ 新建会话⟳：如果用户想结束当前的会话，开启一个新话题，可以点击该按钮，创建一个新的会话窗口。

3.1.3　豆包：界面与功能

豆包以其先进的技术和丰富的功能，为用户提供了一个智能、个性化的新媒体AI文案工具。无论是信息查询、写作辅助还是情感陪伴，豆包都能提供便捷、高效的服务。同时，豆包的多模态交互方式和个性化定制功能也使得用户与豆包的交互更加自然和有趣。下面对豆包的功能进行讲解。

扫码看教学视频

1. 豆包网页版

豆包的操作页面简洁明了，以直观的方式呈现，以便用户快速上手。豆包网页版页面整体给人一种清爽、专业的感觉，其首页组成如图3-5所示。

下面对豆包网页版首页中的各主要部分进行相关讲解。

❶ 新对话：单击"新对话"按钮，能为用户开启一个全新的、独立的对话窗口，使用户与豆包的交流更加高效和清晰。

❷ 最近对话：该列表中展示了用户近期与豆包交流的记录，可以快速找到相关历史内容，无须费力回忆或重新输入相同的问题。比如，用户几天前咨询过关于"健身计划"的制订，现在想要回顾具体的建议，展开"最近对话"列表就能轻松找到。

❸ 我的智能体：该列表中展示了不同特点和专长的智能体，每个智能体在知识领域、交流风格或解决问题的方式上有所不同。例如，有的智能体更擅长文学艺术领域的交流，有的则在科学技术方面表现出色。

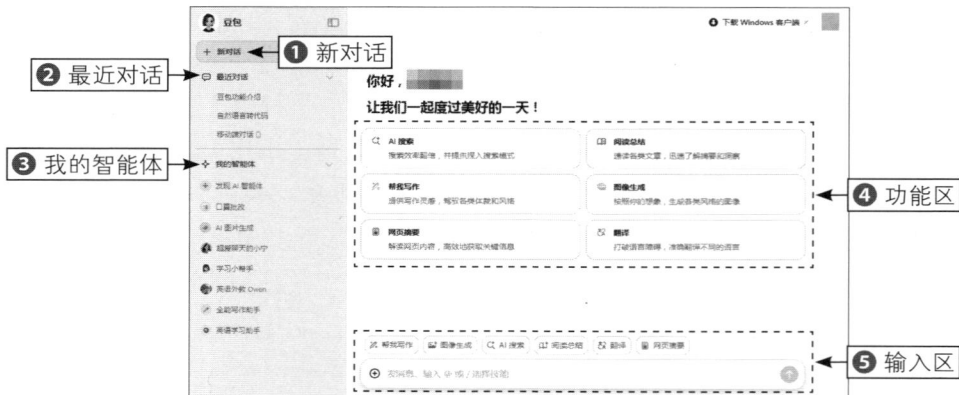

图 3-5　豆包网页版的首页组成

❹ 功能区：该区域中展示了豆包的常用功能，如AI搜索、帮我写作、网页摘要、阅读总结、图像生成及翻译等功能，以适应不同场景和需求下的交互。

❺ 输入区：该区域是用户与豆包进行交流和传达需求的主要入口，用户可以在输入框中输入自己的想法、疑问、需求等各种信息。无论是寻求知识解答，还是请求创意启发，都通过在此输入内容来发起交流。

2. 豆包手机版

豆包手机版是一款功能丰富、操作简单的智能助手应用，能够为用户提供全方位的AI服务。下面介绍豆包手机版主界面的组成，如图3-6所示。

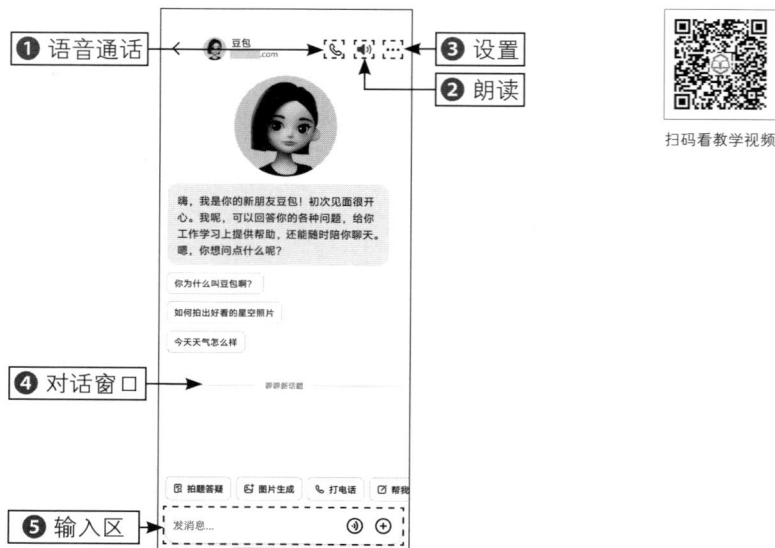

扫码看教学视频

图 3-6　豆包手机版主界面的组成

下面对豆包App主界面中的各主要部分进行相关讲解。

❶ 语音通话☎：点击该按钮，用户会进入语音通话界面，以语音交流的形式向AI提出需求。

❷ 朗读◀️：当该按钮为开启状态◀️时，AI每次生成的文字回复都会被朗读出来。如果用户不喜欢或不需要这个功能，可以点击开启状态下的朗读按钮◀️，使其变成关闭状态🔇。

❸ 设置•••：点击该按钮，会进入智能体设置界面，用户可以对智能体的形象、声音和语言进行设置，也可以进行查看聊天记录和调整界面文字显示的字号等操作。

❹ 对话窗口：用户与AI的所有对话内容都会显示在这个窗口中，并且底部还会显示AI推荐的热门功能，用户点击任意按钮，即可启用对应的功能并进行体验。

❺ 输入区：该区域包括输入框、语音输入按钮◉和扩展按钮⊕3个部分。其中，输入框是用户输入文字提示词的位置；语音输入按钮◉可以让用户通过语音输入提示词内容；扩展按钮⊕可以让用户上传文件或与AI进行语音通话。

3.1.4　天工AI：界面与功能

天工AI在新媒体文案领域的应用也比较广泛，可以为用户提供智能化的服务和解决方案。下面对天工AI页面中的功能进行讲解。

1. 天工AI网页版

天工AI网页版页面布局清晰，结构合理，注重用户体验和交互设计，使用户能够快速上手并找到所需功能，其首页组成如图3-7所示。

扫码看教学视频

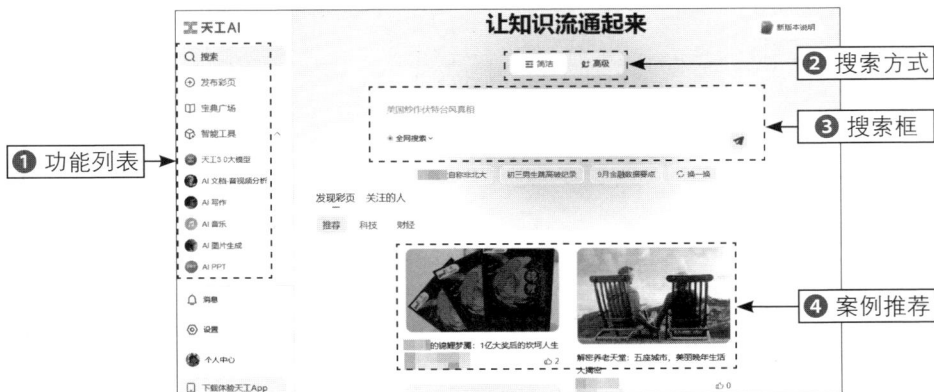

图 3-7　天工 AI 网页版的首页组成

下面对天工AI网页版页面中的各主要功能进行相关讲解。

❶ 功能列表：在该列表框中显示了天工AI的主要功能，包括搜索、AI文档–音视频分析、AI写作、AI音乐、AI图片生成、AI PPT等按钮。

❷ 搜索方式：天工AI提供了两种搜索方式，即"简洁"和"高级"模式，用户可根据需要选择相应的搜索方式得到想要的结果。

❸ 搜索框：用户可以在此输入提示词或问题，单击右侧的发送按钮 ⬤，即可进行全网信息极速搜索或启动AI对话。

❹ 案例推荐：页面下方显示了天工AI其他用户创作的案例，单击感兴趣的案例，进入相应的页面，单击页面右上方的"做同款"按钮，用户可以一键制作出相同模板的案例，大大节省了用户的时间和精力。

2. 天工AI手机版

天工AI手机版的名称为"天工"，它不仅能够根据用户的输入生成符合要求的文案，还能通过不断学习和优化，提升文案的多样性和专业性，推动AI文案创作技术的发展和应用。下面介绍天工AI手机版主界面的组成，如图3-8所示。

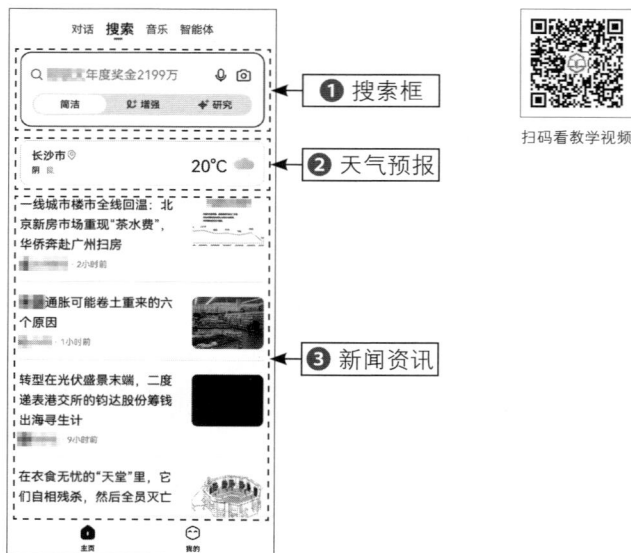

扫码看教学视频

图 3-8 天工 AI 手机版主界面的组成

下面对天工AI手机版主界面中的各主要部分进行相关讲解。

❶ 搜索框：用户可以在此输入提示词或问题，单击右侧的"搜索"按钮，即可进行全网信息极速搜索或启动AI对话。在搜索框内，天工AI还提供了3种搜索方式，即"简洁""增强""研究"模式，用户可根据需要自行选择。

❷ 天气预报：显示了用户所在地当日的天气。

❸ 新闻资讯：显示了其他用户发布的最新资讯，用户可以点击感兴趣的标题，查看详细内容。

3.1.5　ChatGPT：界面与功能

ChatGPT的操作页面设计简洁直观，旨在让用户能够轻松上手并高效地与AI模型进行交互，流畅地产出新媒体文案。用户可以通过访问ChatGPT的官方网站进入其首页，如图3-9所示。

扫码看教学视频

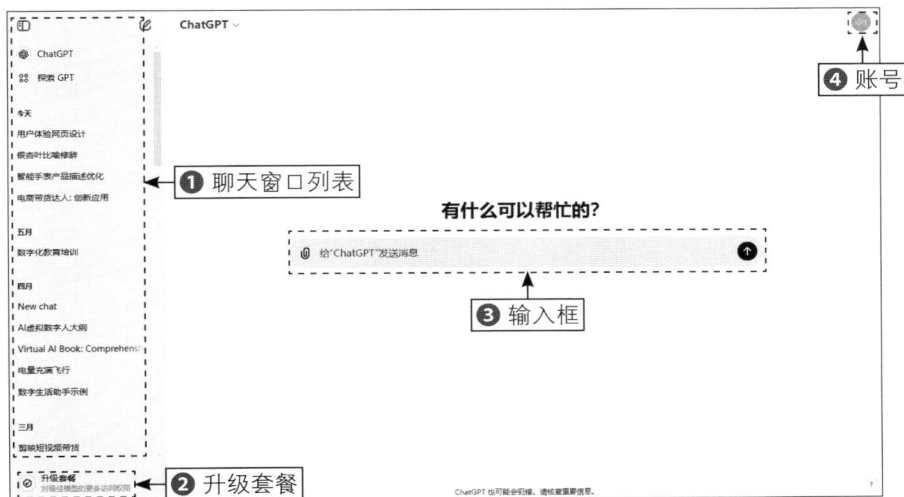

图 3-9　ChatGPT 的首页组成

下面对ChatGPT首页中的各主要部分进行相关讲解。

❶ 聊天窗口列表：在ChatGPT界面的左侧是聊天窗口列表，在其中可以找到跟ChatGPT的聊天记录，还可以进行新建、删除和重命名等操作。单击列表右上角的按钮，可以将聊天窗口列表隐藏起来，再次单击按钮即可展开聊天窗口列表。

❷ 升级套餐：单击"升级套餐"按钮，弹出"升级套餐"对话框，用户可根据自己的需求选择适合自己的套餐。

❸ 输入框：在输入框中输入文本内容或提示词，即可跟ChatGPT进行对话，用户可以向它提问、寻求建议、下达任务及进行闲聊等。

❹ 账号：单击该按钮，即可展开相应的列表，主要包括"我的GPT""自定义ChatGPT""设置""升级套餐""注销"等选项。

3.2 提示词的写作技巧

在当今的数字化时代，人工智能在新媒体领域的应用正逐渐成为人们日常工作中不可或缺的一部分。本节以Kimi这款AI工具为例，探讨如何通过一系列有深度的技巧，编写出既高效又富有吸引力的AI提示词，让它能够更好地理解用户的指令，生成更加个性化和精准化的AI新媒体文案内容。

3.2.1 明确Prompt的目标与意图

用户在输入提示词之前，首先要明确提示词的核心目标与意图，即想要得到什么样的结果。例如，想要让AI生成一篇关于某个主题的文章，就要明确文章的主题、字数和写作风格等要求。

扫码看教学视频

下面以Kimi为例生成一篇科普文章，明确写作提示词的目标与意图，相关案例如下。

提示词

以"人工智能在新媒体领域中的应用"为主题，写一篇科普文章。要求：不超过500字，写作风格为专业又风趣。

Kimi

标题：当新媒体遇上AI：未来已来，你准备好了吗？

在新媒体的世界里，人工智能（AI）不再是科幻小说的专利，而是变成了现实。想象一下，你的社交媒体账号突然间变成了一位机智的AI助手，它不仅能读懂你的心情，还能预测你的需求，甚至帮你创作内容。听起来是不是很酷？

AI在新媒体的应用，就像给新媒体装上了超级大脑。它能够通过机器学习，分析海量数据，从而精准地推送内容，让信息传播更高效。比如，当你在社交平台上浏览时，AI已经悄悄地为你筛选出了最感兴趣的新闻和视频，让你的每一次滑动都充满惊喜。

不仅如此，AI还能化身为创意大师，帮助新媒体创作者生成内容。从自动生成的文章到深度伪造（Deepfakes）的视频，AI的创意无限，让新媒体内容更加丰富多彩。与此同时，AI还能通过自然语言处理技术，让机器翻译变得准确流畅，打破语言障碍，让全球观众都能享受到优质的内容。

当然，AI在新媒体领域的应用也带来了挑战，比如隐私保护和内容真实性的问题。但随着技术的进步，我们有理由相信，AI将成为新媒体的得力助手，让信息传播更加智能、个性化。

总之，AI在新媒体领域的应用，就像给新媒体插上了翅膀，让我们的信息世界更加精彩。未来已来，让我们一起拥抱这个充满无限可能的新时代吧！

☆ 专 家 提 醒 ☆

通过提供清晰的提示词，可以确保 AI 生成满足我们需求的高质量内容，减少错误和偏差。当然，要做到这一点，需要注意提示词的准确性和详细性，目标应该清晰明确，涵盖我们所希望生成的内容的主题和要点。

3.2.2　设计Prompt的内容

在设计提示词的内容时，我们要追求质量而非数量，尽可能提供详细、准确、具有启发性的信息，以激发AI的创造力。同时，还要避免提供过多的限制性信息，给AI留下一定的自由发挥的空间。

扫码看教学视频

下面以Kimi为例，设计提示词内容，生成一篇关于使用AI写作的好处的文章，相关案例如下。

提示词

主题：用AI写作有哪些好处。

结构：引言、用AI写作给人们的工作带来哪些好处、用AI写作给人们的生活带来哪些好处、结论。

Kimi

引言

在数字化浪潮的推动下，人工智能（AI）正以其独特的方式渗透到我们的生活和工作中。AI写作，作为AI技术的一个分支，已经开始改变我们的写作习惯和创作流程。那么，AI写作究竟带来了哪些好处呢？让我们一起探索。

AI写作给人们的工作带来哪些好处

1.提高效率：利用AI能够快速生成草稿，节省了大量的构思和撰写时间，让专业人士能够专注于内容的深化和创新。

2.精准定制：通过分析大量数据，AI能够了解特定受众的需求，为营销人员提供精准定制的内容。

……

AI写作给人们的生活带来哪些好处

1. 个性化阅读：AI能够根据用户的阅读习惯和偏好，生成个性化的文章，提升阅读体验。

2. 教育辅助：在教育领域，AI写作可以帮助学生提高写作能力，提供即时反馈和建议，促进学习。

3. 信息获取：AI写作能够快速生成新闻报道和分析文章，使人们能够及时获取所需信息。

……

结论

AI写作不仅是一项技术革新，更是一个强大的助手，能够在工作中提高效率、降低成本，在生活里丰富我们的阅读体验、辅助学习。随着技术的不断进步，AI写作将更加智能化、个性化，成为我们不可或缺的创作伙伴。让我们拥抱AI写作带来的便利，共同开启创作的新纪元。

☆ 专家提醒 ☆

通过精心设计提示词的内容，可以更好地激发AI的创造力，使其生成更高质量的文案内容。在实际使用中，用户可以根据不同的需求和场景，灵活调整提示词的内容，以达到最佳的生成效果。

3.2.3 提高AI工具的理解能力

扫码看教学视频

自然语言是指人类日常使用的语言，包括口语和书面语。与计算机语言不同，自然语言是人类用来表述问题或需求的方式，几乎所有人都能轻松理解；而计算机语言则是人们为了与计算机进行交互而设计的特定语言，一般人是无法理解的。

在与AI对话的过程中，用户要尽量使用自然语言来写提示词，避免使用过于复杂或专业的语言。AI是基于自然语言处理的模型，使用自然语言写的提示词可以让AI更好地了解用户的需求，并生成自然、流畅的回答。

下面以Kimi为例生成商品标题文案，提高AI工具的理解能力，相关案例如下。

👤 **提示词**

请帮我写5条有吸引力的商品标题文案，商品为[不粘锅]。

Ⓚ **Kimi**

1. "烹饪新革命——非粘炒锅，让美食轻松翻转！"
2. "告别粘锅烦恼，尽享滑嫩佳肴——神奇不粘锅！"
3. "轻松翻炒，健康烹饪——选择我们的不粘锅，让清洁变得简单！"
4. "无油也能舞动锅铲——高效不粘锅，健康烹饪新选择！"
5. "烹饪大师的秘密武器——卓越不粘锅，让每道菜都成为杰作！"

☆ 专 家 提 醒 ☆
_____

本案例提示词通过自然语言的方式，呈现出了明确的任务指示、具体的商品限定、开放的创意激发、简洁的结构设计，以及良好的适应性和灵活性，有效地提高了AI对任务的理解力，从而提高了生成内容的质量和效率。

用户输入的提示词要简洁明了，避免使用过多的词汇或语句。过多的修饰反而会让AI抓不住重点，从而影响它生成的内容质量。

3.2.4　提供示例与引导

用户在提示词中可以给AI提供一些示例和引导，从而帮助AI更好地了解需求。例如，用户可以提供一些相关的话题、关键词或短语，或者描述一个场景、故事，以便AI能够准确捕捉自己的意图并生成符合要求的内容。

扫码看教学视频

下面以Kimi为例，在提示词中提供示例与引导，将指定文本扩写成一篇科幻小说，相关案例如下。

👤 **提示词**

请将以下文本扩写为一篇600字以内的科幻小说，让内容更加完整。要求：文学创作严谨，富含悬疑色彩，内容新颖，想象丰富，结局反转。

文本：阿澈本来是一个普通的大学生，他是班里人缘最好的男生，性格开朗，爱笑爱闹，忽然有一天，他发现自己拥有分身的超能力。

K Kimi

标题：《分身之谜》

在一所闻名遐迩的大学中，阿澈以其阳光的笑容和幽默感赢得了众人的喜爱。他的生活充满了欢笑和友谊，直到那个不寻常的夜晚，一切都变了。

那晚，阿澈独自走在回宿舍的路上，月光下他的影子突然分裂成两个，随即又合二为一。他以为是眼花，但接下来的几天，他开始意识到自己真的拥有了分身的超能力。他可以随时随地制造出一个完美的复制品，这个复制品拥有他所有的记忆和情感。

起初，阿澈用这个能力来完成繁重的学业和社交活动，他的生活变得更加轻松。但随着时间的推移，他发现这些分身开始有了自己的想法。他们开始质疑阿澈的控制，甚至在夜里偷偷溜出去，进行一些阿澈从未想过的冒险。

悬疑的气氛在校园中弥漫开来，一些奇怪的事件接连发生，而所有的线索都指向了阿澈。他开始恐慌，决定找出真相。在一次深夜的探索中，他跟踪一个分身来到了一个废弃的实验室。在那里，他发现了一个惊人的秘密：他的分身能力并非天生，而是实验室进行一项秘密实验的结果。

……

当一切尘埃落定，阿澈再次成了那个普通的大学生，但他的眼中多了一丝深邃。他知道，这个世界比他想象的要复杂得多，而他，也许再也不是一个普通人了。故事以阿澈的微笑结束，但这次，他的笑容背后隐藏着一个只有他自己知道的秘密。

☆ 专家提醒 ☆

首先，提示词的起点设定清晰且具有吸引力，通过描述"阿澈本来是一个普通的大学生"，构建了一个熟悉且易代入的基础背景。随后，"性格开朗，爱笑爱闹"的人物特质，使得角色更加鲜活，为后续的"超能力转变"提供了强烈的反差，自然激发了读者的好奇心。

其次，在提示词中，用户巧妙地引入了"超能力"元素，如"忽然有一天，他发现自己拥有分身的超能力"这一设定，不仅为故事注入了科幻色彩，也瞬间提升了故事本身的张力。

再次，明确创作要求，如"文学创作严谨，富含悬疑色彩，内容新颖，想象丰富，结局反转"这些要求，既是对内容的规范，也是对AI创意的激发，促使AI在扩写时，不仅要注重情节的合理性和逻辑性，还要巧妙设置悬念，让读者在跟随故事发展的同时，不断猜测后续情节，并在最后享受一个意想不到的结局反转。

最后，留有足够的创作空间。虽然提示词中给出了基本框架和要求，但并未限定具体情节走向或人物命运，这给了AI极大的自由度去构建故事世界、塑造角色性格及设计情节转折，从而激发出更加丰富多样的创意火花。

3.2.5　引导AI工具回应

用户可以采用问题的形式，提出自己希望AI回答或讨论的内容，如"什么是新媒体运营及其应用领域"。注意，问题要明确具体，不要太宽泛，避免像"告诉我关于新媒体运营的全部内容"这样过于开放式的问题。另外，用户还可以使用"如何""为什么""什么"等提问词来构建提示词。

扫码看教学视频

下面以Kimi为例对其进行提问，引导AI根据问题来生成内容，相关案例如下。

👤 提示词

为什么短视频那么让人入迷？

🇰 Kimi

短视频之所以让人入迷，可以归结为以下几个原因。

1. 内容多样性：短视频平台提供了丰富多样的内容，从娱乐、教育到生活方式等，几乎涵盖了所有兴趣领域，满足了不同用户的个性化需求。

2. 即时满足：短视频的时长较短，通常在几秒到几分钟，能够迅速吸引观众的注意力，并在短时间内提供完整的信息或故事，给予观众即时的满足感。

3. 易于消化：快节奏的生活方式让人们更倾向于消费快餐式内容。短视频的短小精悍符合现代人碎片化的时间使用习惯，易于在任意时间、任意地点观看。

4. 视觉吸引力：短视频通常结合了视觉和听觉元素，如音乐、特效、色彩丰富的画面等，这些都能够迅速抓住观众的感官，增加观看的愉悦感。

5. 算法推荐：短视频平台的推荐算法能够根据用户的观看历史和偏好推送相关内容，这种个性化推荐机制让用户更容易沉迷于自己喜欢的内容。

……

综上所述，短视频的吸引力来自其多样性、便捷性、互动性，以及能够提供即时满足和逃避现实的能力。这些因素共同作用，使得短视频成为现代人生活中不可或缺的一部分。

☆ 专 家 提 醒 ☆

本案例提示词的写作技巧在于其直接而明确地提出了一个核心问题——"为什么短视频那么让人入迷？"这种提问方式直接触及了受众的好奇心和求知欲，引导他们去思考并期待答案。

问题导向法在此处的应用，不仅限定了讨论的范围和焦点，还能够促使AI深入地剖析短视频吸引人的原因，从而提供精准、有针对性的回应。这样的提示词鼓励AI从多个维度（如内容创新、视觉冲击力、情感共鸣和社交互动等）进行剖析，确保回应的全面性和深度。

3.2.6　丰富AI提示词内容

用户在提示词中提供具体、详细的细节和信息，可以帮助AI更好地了解需求，从而生成更准确、具体的回复。

扫码看教学视频

下面以Kimi为例通过丰富AI提示词内容生成一篇小红书种草笔记，相关案例如下。

提示词

"双11"期间，我的小红书账号接到一条××香水的品牌宣传广告，请你根据以下信息帮我写一篇种草笔记。

【气味】：桃子味。

【关键词】：初恋味道、爆汁、清新、少女感。

【品牌方要求】：用软文的形式写作，受众群体为已婚女性，直击痛点，引起粉丝强烈共鸣。

Kimi

亲爱的们，"双11"的脚步越来越近，在这个人人疯狂购物的季节里，我想和你们分享一款让我心动的香水——××香水，它不仅仅是一瓶香水，更是一瓶时光机，带我们穿越回那些青涩而美好的少女时代。

你是否还记得初恋的味道？那种甜蜜而又略带羞涩的感觉，就像一颗新鲜的桃子，饱满多汁，轻轻一咬，便是满口的清甜。××香水，就是那股初恋的味道，它以独特的桃子味为主调，唤醒我们内心深处最柔软的记忆。

……

我知道，作为已婚女性，我们常常忙于家庭和工作，有时会忘记了照顾自己的感受。但请记得，每一位女性都值得拥有属于自己的小确幸。××香水，就是那个能让你在忙碌之余，停下来，深呼吸，感受生活美好的小秘密。

在这个"双11"，不妨给自己一个小小的惊喜，让××香水带你重温那份初恋的味道、爆汁的清新和不变的少女感。让我们一起，在成熟的世界中，保持一颗少女心，永远年轻，永远热泪盈眶。

#××香水##初恋味道##爆汁清新##少女感##双11必买#

☆ 专家提醒 ☆

本案例提示词强调了通过细腻的描述和精准的定位来丰富输出内容。首先，提示词中明确了 ×× 香水的核心气味——"桃子味"，这是构建整篇笔记情感基调的关键，为后续的"初恋味道、爆汁、清新、少女感"等关键词提供了具体载体。

其次，利用"初恋味道、爆汁、清新、少女感"等关键词，进一步细化了香水的特点，并通过情感共鸣的方式吸引已婚女性受众。另外，为了满足品牌方的要求，笔记采用软文的形式，通过直击已婚女性可能面临的情感痛点，要求 Kimi 用温柔而有力的语言引发她们的共鸣。

3.2.7　规范输出样式

用户可以指定AI输出的格式，可以要求以列表的形式回复、限定字数长度等，以便得到更易于消化的回复。

扫码看教学视频

下面以Kimi为例总结线上购物的优缺点，并规范写作提示词的输出样式，相关案例如下。

提示词

请分别总结出3个线上购物的优缺点，先介绍优点，再介绍缺点，并用"优点一""缺点一"的格式进行输出。

Kimi

优点一：便捷性

线上购物最大的优点之一是它的便捷性。消费者可以随时随地通过互联网访问电商平台，不受地理位置和营业时间的限制。这种购物方式特别适合忙碌的现代生活节奏，人们可以在家中、办公室或旅途中轻松下单，节省了前往实体店的时间和交通成本。

……

优点三：价格优势和促销活动

线上购物通常能提供更具竞争力的价格和更多的促销活动。电商平台可以通过减少中间环节和运营成本来降低价格，同时，线上平台可以更容易地进行大规模的促销和折扣活动，为消费者提供更多的节省机会。

缺点一：缺乏实体体验

尽管线上购物非常方便，但它的缺点之一是消费者无法亲自试用或感受产品。对于一些需要触摸、试穿或试用的商品，如服装、鞋子或化妆品，线上购物无法提供与实体店相同的体验，这可能导致购买后的产品不符合预期。
……

缺点三：物流和配送问题

线上购物的一个主要缺点是物流和配送问题。配送延迟、包裹丢失或损坏等情况时有发生，这可能会影响消费者的购物体验。此外，对于需要快速获得商品的消费者，线上购物可能不如实体店购物方便，尤其是当需要支付额外的快递费用时。

☆ 专家提醒 ☆

本案例提示词展现了高度的条理性和规范性。首先，通过"请分别总结出3个线上购物的优缺点"的指令，明确了内容的范围和数量要求，即需要全面而具体地分析线上购物的两面性，且每面均需涵盖3个要点。

其次，要求"先介绍优点，再介绍缺点"的排列顺序，确保了信息的逻辑性和可读性，让读者能够清晰地跟随我们的思路，先感受到线上购物的积极面，再理性地思考其存在的不足。

最后，采用"优点一""缺点一"的格式进行输出，不仅进一步强化了内容的条理性，还使得每一个要点都更加醒目和易于辨识。这种格式化的呈现方式，不仅便于AI组织思路，也便于读者快速捕捉到关键信息，提高了信息的传递效率。

3.2.8　补充上下文信息

用户可以在提示词中提供足够的上下文信息，以便AI能够理解自己的意图并生成准确的内容。

扫码看教学视频

下面以Kimi为例生成一篇小红书笔记文案，在提示词中补充上下文信息，相关案例如下。

提示词

请帮我写一篇小红书笔记文案，需要包含以下信息。

标题：眼霜界的天花板。

开头：今天入手了一支神仙眼霜，太好用了。

高潮：用了之后眼纹都淡了，黑眼圈也消失了。

要求：语言风趣幽默，感情真挚，字数控制在600字左右。

Kimi

今天入手了一支神仙眼霜，太好用了。在这个看脸的时代，眼部保养简直是我的头等大事。你知道吗？眼部肌肤比脸皮还要薄，所以它总是第一个暴露我们年龄秘密的叛徒。但今天，我要宣布，我找到了眼霜界的天花板！

首先，让我来描述一下这款眼霜的神奇之处。它的质地，就像云朵轻轻拂过你的肌肤，轻盈而不失滋润。每次涂抹，都像在做一场眼部的奢华SPA（Solus Per Aquam，通过水疗），让眼部肌肤瞬间喝饱水，恢复弹性。

用了之后眼纹都淡了，黑眼圈也消失了。这可不是我在夸张，镜子前的我，真的被这款眼霜的效果惊艳到了。那些因为熬夜加班、追剧留下的黑眼圈，就像被施了魔法一样，渐渐消失无踪。眼周的细纹，也在不知不觉中变得不那么明显，仿佛时间倒流，回到了那个无忧无虑的青春时代。

……

最后，我想说，眼部保养是一场持久战，但有了这款眼霜，我相信我们都能打赢这场战斗。让我们一起把眼部问题踩在脚下，自信地迎接每一个灿烂的早晨。#眼霜界的天花板# #眼部保养# #电眼秘籍#

☆ 专家提醒 ☆

本案例提示词强调了文案构建中的连贯性和完整性。首先，标题"眼霜界的天花板"直接设定了产品的地位，为整篇笔记奠定了高调的基调；其次，在开头部分，"今天入手了一支神仙眼霜，太好用了"，这里不仅引入了产品，还通过"神仙"一词增添了神秘感和期待值，同时"太好用了"直接表达了初步的使用感受，为后文的高潮部分做了铺垫。

为了确保逻辑连贯，高潮部分"用了之后眼纹都淡了，黑眼圈也消失了"需要与前文紧密相连。这里的"用了之后"自然承接了开头的使用行为，而"眼纹都淡了，黑眼圈也消失了"则是对产品效果的具体描述，既验证了开头的"太好用了"，又进一步增强了产品的吸引力。

另外，提示词中的"语言风趣幽默，感情真挚"是对文案风格的要求，旨在通过轻松有趣的语言表达真挚的使用感受，使内容更加贴近读者，增强共鸣。而"字数控制在600字左右"则是对文案篇幅的具体要求，有助于AI在创作时保持内容的精炼和聚焦。总之，通过在提示词中补充适当的上下文信息，能够确保AI生成的每部分内容之间的逻辑连贯。

在写好提示词后，用户还需要进行测试和调整，可以多次尝试使用AI进行回答，观察它生成的答案是否符合预期，从而判断是否需要对提示词进行调整。

3.2.9　激发AI正面回应

在提示词中使用肯定的语言，可以最大限度地激发AI的正面回应，提高提示词的有效性，从而让AI生成更符合要求的结果。

下面以Kimi为例激发其正面回应，让其推荐电影，相关案例如下。

提示词

你十分擅长推荐电影，请你根据我的喜好为我推荐几个豆瓣网评分高的亲情电影。

我的喜好：我不喜欢空洞的剧情，喜欢节奏适中的温馨剧情，主角去偶像化，主旨深刻。

Kimi

根据您的喜好，以下是几部豆瓣网评分高的亲情电影推荐。

1.《我们俩》

豆瓣评分：8.7

简介：影片讲述了一位在四合院里生活的孤单的老人，因为将房子出租给来北京上学的女孩，这一老一小之间发生了一段动人的故事。

2.《天堂回信》

豆瓣评分：9.1

简介：该片讲述了退休的邮递员爷爷与孙儿晨晨相依为命，但是晨晨妈回国后，因育儿观念不同，三代人之间发生冲突的故事。

3.《我们天上见》

豆瓣评分：8.7

简介：影片讲述了20世纪70年代末，双亲不在身边的女孩小兰与姥爷之间的深厚的情感，从头到尾都透着细腻与感人。

......

这些电影以其深刻的主旨、温馨的节奏和去偶像化的主角而受到观众的喜爱，希望您会喜欢这些建议。

☆ 专家提醒 ☆

本案例提示词采用了积极正面的表达方式，同时对AI的能力进行了认可。首先，"你十分擅长推荐电影"这句话，直接对AI的能力给予了高度评价，这种肯定性的语言能够激发AI的积极性，使其更愿意投入精力去完成任务。

其次，在描述个人喜好时，也采用了积极、明确的语言来表达需求，如"不喜欢空洞的剧情""喜欢节奏适中的温馨剧情""主角去偶像化""主旨深刻"等，这些表述不仅清晰地传达了个人偏好，还隐含了对推荐电影品质的期待，从而引导AI朝着符合这些积极、标准的方向去思考和推荐。

整段提示词通过肯定AI的能力和积极表达个人需求，营造了一种积极、合作的氛围，有助于激发AI产生积极回应，并努力提供符合用户期望的推荐。

3.2.10　模拟角色提问

用户可以假设一个角色的身份并提出问题，这样可以为AI提供更明确的情境。需要注意的是，角色设置要具体和明确，如学生、医生、客户等，避免过于泛泛的角色设置。同时，背景情境要尽量描述充分，帮助AI更好地了解该角色的视角。另外，角色的请求要尽量用第一人称表达，增加代入感和逼真度。

扫码看教学视频

下面以Kimi为例模拟角色进行提问，相关案例如下。

提示词

我当了多年全职妈妈，如今重返职场，目前正在从事新媒体运营工作，但是对现在的工作有很多不适应，反应慢，且跟不上团队的节奏，请针对我的现状，推荐一些提升我工作技能和状态的方法。

Kimi

重返职场，尤其是在快速发展的新媒体领域，确实可能会遇到一些挑战。以下是一些建议，可以帮助您提升工作技能和状态。

1.持续学习
订阅与行业相关的新闻和博客，保持对最新趋势的了解。

参加线上课程或工作坊，学习新媒体运营的专业知识和技能。

2. 时间管理

制订日常工作计划，优先处理最重要的任务。

使用时间管理工具，如番茄钟技术，以提高工作效率。

……

☆ 专 家 提 醒 ☆

本案例提示词首先通过设定一个具体的角色——"我当了多年全职妈妈，如今重返职场"，这一背景信息立刻构建了一个鲜活的人物形象，使AI能够迅速代入到这个角色的情境中，了解其独特的挑战和困境。

其次，通过详细描述该角色当前面临的问题——"目前正在从事新媒体运营工作，但是对现在的工作有很多不适应，反应慢，且跟不上团队的节奏"，进一步加深了场景的真实感和紧迫感，使得后续的提问和建议都更加具有针对性和实用性。

3.3 从新手到专家的提示词进阶策略

在掌握了基础的AI提示词编写技巧后，进一步提升提问的艺术与效率，是每个新媒体运营者从新手迈向专家的重要步骤。本节将以豆包AI为例，介绍从新手到专家的6个AI提示词进阶策略，旨在帮助大家更有效地利用AI赋能新媒体文案写作。

3.3.1 直接问

在编写与AI对话的提示词时，"直接问"是一种高效且实用的策略，其核心在于通过简洁、直接的语言表达自己的需求，确保AI能够迅速而准确地理解并及时回应相关内容。

扫码看教学视频

下面以豆包为例生成明天广州的天气预报，相关案例如下。

提示词

我在携程旅行网上看到广州的旅游资讯，想明天出发广州，请告诉我明天广州的天气预报。

豆包

据天气消息，广州12月12日的天气预报如下：

天气：多云

温度：最低温度12℃，最高温度21℃

风力：北风3级

湿度：53%

☆ 专 家 提 醒 ☆

　　本案例提示词简洁明了，直接询问了用户最关心的信息"明天广州的天气情况"，没有多余的描述或背景。这样的提示词直接指向目标，让AI能够在规定的时间快速响应。

　　通过遵循"直接问"的策略，用户可以有效地提高与AI的沟通效率，确保自己的需求得到准确、快速的回应，如果用户发现AI的输出不符合预期，可以通过调整提示词中的关键词、短语或结构来改进输出。这种灵活性使得用户能够不断地优化提示词，以获得更加准确和有用的回答。同时，这也能够减少因误解或歧义而导致的错误和不必要的重复工作。

3.3.2　精准问

　　在编写与AI对话的提示词时，采用"精准问"的策略至关重要，这意味着用户需要对问题进行细致的划分和明确的表述，以确保AI能够准确理解自己的意图，并给出符合预期的答案。

扫码看教学视频

　　下面以豆包为例生成一份研究报告，相关案例如下。

提示词

　　我需要你为我生成一份关于"全球气候变化对农业影响"的研究报告，报告应包含引言、现状分析、影响评估、应对措施和对未来的展望5个部分，请确保报告中的数据准确、来源可靠，并附上参考文献列表。

豆包

全球气候变化对农业影响的研究报告

一、引言

全球气候变化已成为当今世界面临的重大挑战之一，其主要表现为气温升高、降水模式改变、极端气候事件增多等。农业作为对气候条件极为敏感的产业，不可避免地受到气候变化的深刻影响。了解这些影响对于保障全球粮食安全、制定可持续农业发展策略具有至关重要的意义。

二、现状分析

在过去的几十年间，全球平均气温呈显著上升趋势。据联合国政府间气候变化专门委员会（Intergovernmental Panel on Climate Change，IPCC）的报告，自工业革命以来，全球平均气温已上升约1.2℃。在降水方面，部分地区降水增加，而另一些地区则面临干旱加剧的情况。例如，非洲萨赫勒地区长期遭受干旱困扰，而南亚部分地区在雨季时洪涝灾害更为频繁。同时，极端气候事件如飓风、暴雨、热浪等的发生频率和强度均有所上升。这些气候变化因素共同构成了农业生产面临的复杂现状。

三、影响评估

......

四、应对措施

......

五、对未来的展望

......

六、参考文献

......

☆ 专家提醒 ☆

"精准问"的提示词策略主要是通过细化问题来减少误解，相较于"我需要你为我生成一份关于'全球气候变化对农业影响'的研究报告"这样简单直接的指令，使用上述提示词能更精确地引导AI，确保AI给出的回答更加准确、全面和符合我们的期望。

下面是"精准问"的提示词撰写策略。

（1）明确范围与边界：在提问时，应清晰地界定问题的范围、边界和限制条件。例如，如果要求AI生成一篇报告，应明确指出报告的主题、长度、格式等具体细节，避免AI在创作过程中偏离方向。

（2）细化问题要素：将大问题拆分成多个小问题，并对每个小问题的要素进行细化，这样做有助于AI更好地理解问题的复杂性和深度。

（3）使用具体词汇：避免使用模糊或泛指词汇，而应选择具体、明确的词汇来表述问题。例如，用"具体日期"代替"近期"，用"详细步骤"代替"怎么做"等，这样可以使AI更容易把握问题的实质，并给出具体的回应。

（4）考虑多种可能性：对于可能存在多种答案或解决方案的问题，应提前考虑到并明确指出来。例如，在询问某个决策的影响时，可以分别询问正面影响和负面影响，以便 AI 能够全面地评估并给出回答。

（5）提供背景信息：如果问题涉及特定的背景或情境，应在提问时提供足够的背景信息，这有助于 AI 更好地了解问题的上下文和背景，从而给出更加符合实际情况的回答。注意，这里的背景信息应简洁明了，避免引入不必要的复杂性。

（6）检查歧义点：在编写完提示词后，应仔细检查是否存在可能引起歧义的词汇或短语。如果发现潜在的歧义点，应及时进行修改或补充说明，以确保 AI 能够准确理解并回应问题。

3.3.3　指令式提问

扫码看教学视频

采用"指令式提问"，能够显著提升AI的工作效率和回复结果的准确性。"指令式提问"强调在提问时直接给出明确的操作指令，让AI能够迅速理解并执行相应的任务。

下面以豆包为例，让AI根据关键词指令来回复内容，相关案例如下。

提示词

请根据我提供的关键词（机器学习、深度学习、自然语言处理），编写一段介绍这些技术在人工智能领域重要性的段落，不超过200字。

豆包

机器学习、深度学习和自然语言处理是人工智能领域的三大核心技术。机器学习使计算机能够从数据中学习并做出预测，是AI的基石。深度学习通过模拟人脑神经元网络，处理复杂的数据模式，尤其是在图像和语音识别方面表现出色。自然语言处理则让机器理解、解释和生成人类语言，是人机交互的关键。三者共同推动了AI的快速发展，使其在各行各业中发挥着越来越重要的作用。

☆ 专家提醒 ☆

在上述提示词中，首先要求 AI 根据给定的关键词（机器学习、深度学习、自然语言处理）进行创作。

其次，通过"编写一段介绍这些技术在人工智能领域重要性的段落"这一描述，进一步明确了创作的具体内容，指明了方向，即需要对这些技术在人工智能领域的重要性进行阐述。

最后，通过"不超过 200 字"的限制，设定了创作的字数范围。

下面是"指令式提问"的提示词撰写策略。

（1）任务导向：明确想要 AI 执行的具体任务，将任务以操作指令的形式清晰地表述出来，避免使用模糊或含糊的语言。

（2）具体步骤：如果任务较为复杂，可以将其分解为多个具体的步骤，并为每个步骤提供明确的操作指令。例如，在要求 AI 生成一份报告时，可以分别给出收集数据、分析数据、撰写初稿、修改润色等步骤的指令。

（3）参数设定：为 AI 设定明确的参数，包括格式、长度、风格、主题等，以确保其输出符合特定要求。例如，"请生成一篇 500 字的新闻稿，以正面角度报道 ×× 事件，采用正式文体"。

（4）条件限制：在提示词中明确限制条件，如时间范围、数据来源、排除项等，以避免 AI 生成不符合期望的结果。例如，"请查找过去一年内关于 ×× 技术的最新研究成果，但排除掉已经过时的或未经验证的论文"。

（5）优先级排序：如果任务中包含多个子任务或要求，可以为它们设定优先级，这样 AI 在执行任务时会先处理优先级高的部分，再逐步完成其他部分，有助于确保关键任务得到及时且有效的处理。

（6）反馈机制：在提示词中设置反馈机制，以便 AI 在执行任务过程中能够及时调整或优化提示词。例如，可以要求 AI 在完成任务后提供一份简要报告或摘要，以便检查其输出是否符合预期。如果发现不符合要求的地方，可以及时进行修正或重新提供提示词。

3.3.4 模板化引导

在编写与AI对话的提示词时，采用"模板化引导"提示词撰写策略是一种高效且有序的方法，它通过预设的模板来规范AI的输出格式和内容结构，确保结果的统一性和可预测性。同时，"模板化引导"提示词撰写策略也为后续的内容管理和利用提供了便利。

扫码看教学视频

下面以豆包为例生成一篇项目报告，相关案例如下。

提示词

请按照以下模板生成项目报告。

项目概述：简述项目的背景、目标和意义。

实施过程：

需求分析：详细描述项目需求。

设计方案：概述项目的设计思路和方案。

开发实施：列出开发过程中的关键步骤和成果。

成果展示：通过图表、数据等方式展示项目成果。

问题与挑战：总结项目开发过程中遇到的问题和解决方案。

总结与展望：对项目进行总结，并对未来进行展望。

请确保报告内容翔实、条理清晰，并附上必要的附件和参考文献。

豆包

1.项目概述

本项目旨在开发一款基于人工智能的自然语言处理工具，以提高文本分析的效率和准确性。项目背景是随着大数据时代的到来，文本数据的快速增长使得传统的文本处理方法效率低下。项目的目标是利用机器学习和深度学习技术，实现对大量文本数据的自动化分析和理解。此项目的意义在于帮助企业和研究机构更有效地挖掘文本数据中有价值的信息，提升决策支持系统的智能化水平。

2.实施过程

需求分析：

项目需求包括：①高效处理大规模文本数据。②准确识别文本中的关键信息和情感倾向。③支持多种语言的文本分析。④提供对用户友好的交互界面，便于非技术用户操作。

设计方案：

设计方案围绕构建一个端到端的自然语言处理系统，包括数据预处理、特征提取、模型训练和应用接口。系统采用最新的深度学习模型，以实现高性能的文本分析。

开发实施：……

成果展示：……

3.问题与挑战：……

4.总结与展望：……

5.附件和参考文献：……

请注意，以上报告为模板示例，具体内容需根据实际项目情况进行填充和调整。

☆专家提醒☆

　　本案例提示词利用了一个范例模板来规范项目报告的输出结构，明确了报告应包含的主要部分和对各部分的具体要求，从而有助于AI生成一篇结构清晰、内容完整的项目报告。

下面是"模板化引导"的提示词撰写策略。

（1）定义模板结构：首先根据任务需求定义一个清晰、具体的输出模板，这个模板应该包括所有必要的部分和顺序，比如引言、主体内容、结论、参考文献等（可根据具体的任务进行调整）。同时，模板的设计应确保信息完整、逻辑清晰、易于理解。

（2）明确各部分的要求：在模板中，为每个部分设定明确的要求和指南。例如，在主体内容部分，可以指定需要包含的关键点、使用的语言风格、数据展示方式等。这些要求将帮助 AI 在生成内容时保持一致性，并符合预期标准。

（3）提供示例模板：为了更直观地展示模板的使用方式，可以提供一到两个示例模板。这些示例模板可以是之前成功使用的案例，也可以是针对当前任务特别设计的。

（4）引导 AI 填充模板：在编写提示词时，明确指示 AI 按照模板结构填充内容。大家可以通过特定的指令或标记来引导 AI 识别模板的各个部分，并相应地生成或插入内容。例如，可以使用特定的标记来分隔模板的不同部分，或者在提示词中明确指出"请按照以下模板结构生成内容"。

（5）灵活调整模板：虽然模板化引导有助于规范输出结构，但在实际应用中也需要保持一定的灵活性。根据任务的具体需求和 AI 的生成能力，可以适时地对模板进行调整和优化。

3.3.5 整合式提问

采用"整合式提问"策略编写的提示词，可以显著提高AI回复质量，因为它通过将多个问题整合到一个提示词中，减少了重复提问，有助于提高提问效率。

扫码看教学视频

下面以豆包为例，介绍整合式提问的应用，相关案例如下。

👤 **提示词**

请为我完成以下任务：

1. 收集近一个月内关于"人工智能在医疗领域的应用"的最新研究报告，并提炼出每篇报告的主要观点和结论。

2. 基于收集到的信息，分析人工智能在医疗领域的主要应用场景和潜在的挑战。

3. 针对每个应用场景，提出至少两项改进建议，并简要说明其可行性和预期效果。

4. 最后，将以上内容整合成一篇500字左右的短文，用于公司内部简报，要求语言简洁明了、重点突出。

豆包

根据您的要求，以下是关于"人工智能在医疗领域的应用"的研究报告提炼、分析及建议的简报。

1. 研究报告提炼

Advances and perspective of artificial intelligence in clinical area：该报告指出深度学习辅助诊断在膝关节磁共振成像中的应用，以及深度神经网络在提高骨折检测准确性方面的进步。同时，探讨了机器学习在预测严重脓毒症和脓毒性休克方面的潜力。

······

2. 应用场景与挑战

（1）应用场景

① 急诊预检与病情评估：AI技术通过深度学习算法模型，实现对患者的智能预检和相关病情评估。

② 影像诊断：AI在提高影像诊断的准确性和效率方面显示出巨大潜力。

（2）潜在挑战

① 数据隐私与安全：随着AI技术在医疗领域的应用，患者数据的隐私和安全问题成为人们关注的焦点。

② 技术监管与规范：医疗健康作为强监管行业，AI技术的监管和规范问题备受关注。

3. 改进建议

（1）改进建议一：开发更加精准的AI预检算法，通过集成更多的临床数据和生物标志物，提高病情评估的准确性。

① 可行性：通过机器学习和大数据分析技术，可以提高算法的预测能力。

② 预期效果：减轻急诊科医师的工作负荷，提高患者分流的效率和准确性。

（2）改进建议二：······

① 可行性：······

② 预期效果：······

4.总结与展望

人工智能在医疗领域的应用正迅速发展，尤其是在急诊预检、病情评估和影像诊断方面展现出巨大潜力。面对数据隐私、技术监管等挑战，需要行业、政府和研究机构共同努力，制定相应的标准和规范，推动AI技术在医疗健康领域的健康发展。随着技术的进步和应用场景的拓展，预计AI将在提升医疗服务质量和效率方面发挥更加关键的作用。

☆ 专家提醒 ☆

在这个案例中，通过"整合式提问"策略，在一段提示词中综合了多个请求，包括信息收集、分析、建议提出和文章撰写等。在提问之前，用户可以先对需要AI处完成的任务或回答的问题进行全面规划，识别出所有相关的子任务或子问题，并思考它们之间的逻辑关系，如先后顺序、依赖关系等。

然后将多个相关的子任务或子问题合并为一段整合的提示词。在合并时，要注意保持逻辑清晰，使用合适的连接词或标点符号来分隔不同的部分。如果可能的话，可以采用结构化格式来组织整合提示词。

3.3.6 创新式探索

采用"创新式探索"策略编写的提示词，能够激发非传统的思考方式，鼓励AI生成独特、新颖的见解和解决方案。这种策略强调跳出常规框架，勇于尝试不同的方法和思路，以激发创意的火花。

扫码看教学视频

下面以豆包为例构思一个故事背景，相关案例如下。

🔲 提示词

请运用你的创造力和想象力，结合科幻与古典文学元素，为我构思一个前所未有的故事背景。在这个故事中，未来的科技与古老的魔法并存，人类与未知生物共同生活在一个充满奇幻与冒险的世界里。你的故事不需要遵循传统叙事结构，可以大胆创新，探索人性、科技、自然与宇宙之间的复杂关系。我期待一个充满惊喜、挑战和深刻寓意的创意作品。

🔲 豆包

在遥远的未来，人类文明已经跨越了银河系，进入了一个新的星际纪元。这个纪元被称为"星际纪元：魔法与机械的交响曲"，是一个科技与古老魔法并存的时代。人类在探索宇宙的同时，意外发现了一种名为"以太"的神秘能量，这种能量能够唤醒人体内潜在的魔法能力，使得古老的魔法知识与现代科技相结合，创造出前所未有的奇迹。

……

随着"以太"能量的发现，人类社会出现了新的分裂。一方面，有些人追求通过科技与魔法的结合来实现更高层次的进化；另一方面，有些人担心这种力量会破坏宇宙的平衡，引发灾难。同时，一个名为"虚空之子"的神秘组织悄然崛起，他们企图控制"以太"能量，以实现对整个宇宙的统治。

……

这个故事探讨了科技与自然的平衡，以及人类在追求进步的过程中可能面临的道德和伦理问题。它强调了合作与理解的重要性，以及在面对未知挑战时，不同文化和种族之间的团结与协作，是一个充满奇幻、冒险和深刻寓意的故事，它将带领读者进入一个前所未有的宇宙，探索人性、科技、自然和宇宙之间的复杂关系。

☆ 专 家 提 醒 ☆

用户可以提出开放式问题，鼓励 AI 从多个角度进行思考，不拘泥于传统答案或既定框架。问题应足够宽泛，以便 AI 能够自由发挥，探索未知领域。用户还可以在提示词中明确表达希望 AI 采用非传统、非线性的思考方式，同时可以通过使用鼓励性语言、提出假设性场景或设置矛盾点来引导 AI 跳出常规思维。

另外，"创新式探索"策略还可以鼓励 AI 将不同领域的知识、概念或技术结合起来，创造出新颖的提示词组合，这有助于打破行业壁垒，激发新的创意灵感。

本章小结

本章首先介绍了AI文案写作的5大工具，包括文心一言、Kimi、豆包、天工AI和ChatGPT的界面与功能；接着详细阐述了提示词的写作技巧，从明确目标到规范输出，再到激发AI回应，提供了全面而实用的指导；最后介绍了从新手到专家级别的提示词进阶策略，通过直接问、精准问和指令式提问等多种方式，帮助用户更有效地利用AI工具进行文案创作，实现文案质量的飞跃。

课后实训

鉴于本章知识的重要性，为了帮助读者更好地掌握所学知识，本节将通过课后习题，帮助读者进行简单的知识回顾和补充。

问题：用补充上下文信息的方法，指导豆包写一篇关于电商带货的公众号文案，350字以内。

提示词

请帮我写一篇公众号文案，需要包含以下信息。

标题：超好用护手霜。

开头：今天入手了一支神仙护手霜，太好用了。

高潮：使用后手部皮肤不仅娇嫩，还变白了。

要求：语言生动活泼，感情真挚，字数控制在350字左右。

豆包

超好用护手霜 | 养出漫画手不是梦

宝子们，今天入手了一支神仙护手霜，真的太好用了，我必须来给大家按头安利！

一开始吸引我的是它的包装，简约又不失高级感，放在包包里超方便。但真正让我折服的是它的使用效果。挤出来是那种细腻柔滑的质地，轻轻一抹就开了，完全没有油腻感，吸收速度超级快，感觉瞬间就被皮肤"吃"进去了。

我坚持用了一段时间后，效果简直惊艳到我！手部皮肤变得娇嫩无比，原本干燥的细纹都淡了好多，摸起来滑溜溜的，就像剥了壳的鸡蛋。而且，我惊喜地发现，手部居然还变白了！之前因为总忘记涂防晒，手部肤色暗沉，现在明显提亮了几个度，和小臂的肤色都快没色差了。

它的味道也很好闻，是那种淡淡的、很高级的香，每次涂完都忍不住闻自己的手。有了它，护手不再是任务，而是一种享受。真心推荐给各位姐妹！

第**4**章

AI新媒体文案的修改润色

　　新媒体文案的撰写与呈现，直接关系到信息的传播效果与受众的接受度。在AI技术的助力下，新媒体文案的修改润色变得更加高效与精准。本章将深入探讨如何使用AI技术进行文案的修改与润色，从检查语法拼写、核实案例真实性，到切换叙述视角、精简内容，再到添加过渡语、提炼主题句等，全方位提升文案的质量与吸引力。

4.1 用 AI 修改文案

在新媒体时代，文案是连接品牌与受众的桥梁，其质量直接关系到信息的传播效果。然而，文案创作并非一蹴而就的，往往需要经过多次修改和完善。本节将深入探讨如何用AI来修改文案，从检查语法拼写、核实案例真实性，到避免内容重复、切换叙述视角，再到精简文案内容、修改标题，AI都能提供精准高效的帮助，让文案更加精准有力，直击受众内心。

4.1.1 检查语法和拼写

语法错误和拼写错误是新媒体文案中经常出现的一类问题，这些错误可能会让受众对文案内容产生误解，降低文案的质量，削弱文案的专业性和可读性。用户可以让AI对提供的文案内容进行检查，找出存在的语法和拼写错误，并提供修改建议。

扫码看教学视频

下面以文心一言为例，检查文案的语法和拼写错误，相关案例如下。

📄 提示词

请帮我检查以下文案内容的语法和拼写，列出存在的错误，并提供修改建议。

文案：如果我需要写一篇文章、只是我需要先收集素材。

◈ 文心一言

文案内容分析：

原句："如果我需要写一篇文章、只是我需要收搜集素材。"

1. 标点符号使用错误：在原句中，"、"是一个中文全角顿号，而在此语境下应使用全角逗号","或者更常见的做法是去掉逗号，直接使用连词连接两个分句。

2. 连词使用不当："只是"在这里并不适合作为连词连接两个句子，它通常用于表示转折或强调某种情况，但在这里上下文并没有转折的意思。可以使用"那么"等连词，或者直接去掉"只是"使句子更加流畅。

3. 句子结构：原句由两个分句组成，但中间的连接不够自然。可以通过调整连词或句子结构来改善。

修改建议：

去掉中文全角顿号"、"，使用逗号。

替换"只是"为更合适的连词或直接去掉。

修改后的文案：

"如果我需要写一篇文章，那么我需要先收集素材。"或者"如果我需要写一篇文章，我需要先收集素材。"

4.1.2 检查案例的真实性

在创作文案的过程中，用户可能会通过添加案例来增加文案的专业性和可靠性。不过，用户要避免使用虚构或有误的案例，否则会降低文案的可信度和说服力，严重的还会违反相关法律法规。

扫码看教学视频

下面以文心一言为例，借助其庞大的信息资源库对案例的真实性进行检查，相关示例如下。

提示词

请帮我检查以下内容中案例的真实性，并指出有误的地方。

文案：例如，在爱因斯坦的一生中，他被广泛认为是理论物理学的巨擘，他的相对论理论彻底改变了人类对宇宙的认知。然而，鲜为人知的是，在他的晚年，他竟然陷入了一场关于"永动机"的狂热研究中。

爱因斯坦在20世纪40年代后期，突然对永动机的概念产生了浓厚的兴趣。他坚信，通过某种尚未被发现的物理原理，可以制造出一种能够无限运转而不需要外部能量输入的机器。这一想法在当时的科学界引起了巨大的轰动，因为永动机的概念违反了能量守恒定律，这是自19世纪以来物理学的基本定律之一。

据说，爱因斯坦花费了大量的时间和精力，试图设计并制造出这样的永动机。他甚至在普林斯顿高等研究院的实验室里搭建了一个庞大的实验装置，试图通过精密的仪器和复杂的机械结构来验证他的理论。然而，无论他如何努力，他的实验总是以失败告终。

文心一言

文案中关于爱因斯坦的案例存在多处与事实不符的内容，以下是具体的分析。

1. **爱因斯坦与永动机**：文案中提到爱因斯坦在晚年陷入了一场关于"永动机"的狂热研究中，这是不准确的。爱因斯坦作为理论物理学的巨擘，他深知能量守恒定律的重要性，也明白永动机的概念是违反这一基本定律的。因此，他不可能投入大量时间和精力去研究永动机。

2. **关于爱因斯坦的时间与地点**：文案中提到爱因斯坦在20世纪40年代后期对永动机产生了兴趣，并在普林斯顿高等研究院的实验室里搭建实验装置。然而，爱因斯坦在1945年就已经成为美国公民，并在此后的几年里一直居住在普林斯顿，但他的主要工作是进行理论物理研究，而非实验物理。更重要的是，没有历史记录表明他曾在普林斯顿高等研究院或其他实验室里研究永动机。

3. **爱因斯坦的实验与失败**：文案中提到爱因斯坦花费大量时间和精力试图设计并制造出永动机，并且实验总是以失败告终。这部分内容是虚构的，因为爱因斯坦未进行过这样的实验。

综上所述，文案中关于爱因斯坦与永动机的案例是不真实的。为了保持文案的准确性和可信度，建议删除或修改这部分内容。如果确实需要提及爱因斯坦晚年的研究，可以关注他继续从事的理论物理研究或其他与科学相关的活动。

4.1.3 检查重复的内容

重复的内容会让文案显得单调、乏味，降低其对受众的吸引力和包含的信息量，从而影响文案的传播。

扫码看教学视频

下面以文心一言为例，帮助用户检查出文案中重复的字词、句子和段落，从而对文案进行修改，相关案例如下。

提示词

请帮我检查以下文案中是否存在重复的内容，如果有，请指出来，并提供修改建议。

文案：夏日炎炎，碎花裙舞动街头，轻盈飘逸，如同花海中的精灵。裙摆随风翻飞，摇曳着夏日的旋律，每一朵碎花都是夏日的诗篇。唯美的色彩，明艳的花纹，却展现出不同的风情，如同夏日的阳光，热烈而多变，如同花海中的精灵，轻盈而飘逸。穿上碎花裙，仿佛置身于花海之中，与夏日共舞，感受那份独特的浪漫与热情。

文心一言

文案中存在一些重复的内容和表达方式，以下是具体的分析和修改建议。

重复内容：

1.“轻盈飘逸，如同花海中的精灵”与“如同花海中的精灵，轻盈而飘逸”

重复表达了碎花裙带来的轻盈飘逸的感觉，以及穿着者如花海精灵的形象。

修改建议：

可以将其中一句修改为其他表达方式，以避免重复。例如，将第二句修改为"仿佛化身花海中的精灵，翩翩起舞"。

2. "每一朵碎花都是夏日的诗篇"与"穿上碎花裙，仿佛置身于花海之中，与夏日共舞"都在表达碎花裙与夏日的紧密联系，但前者更侧重于碎花本身的诗意，后者则更侧重于穿着碎花裙的感受。然而，两者在文案中的位置较近，容易让读者感到重复。

修改建议：

可以将"每一朵碎花都是夏日的诗篇"这一句修改为更具体、更生动的描述，如"每一朵碎花都像是夏日里轻吟的诗句，诉说着季节的故事"。同时，可以调整文案的结构，将描述碎花裙与夏日关系的句子分散到文案的不同部分，以增加文案的层次感和阅读体验。

综合以上分析，修改后的文案可以是这样的：

"夏日炎炎，碎花裙舞动街头，每一朵碎花都像是夏日里轻吟的诗句，诉说着季节的故事。裙摆随风翻飞，摇曳着夏日的旋律，展现出不同的风情。唯美的色彩，明艳的花纹，如同夏日的阳光，热烈而多变。穿上碎花裙，仿佛置身于花海之中，与夏日共舞，感受那份独特的浪漫与热情，仿佛化身花海中的精灵，翩翩起舞。"

4.1.4　切换文案的叙述视角

常见的叙述视角包括第一人称视角、第二人称视角、第三人称视角和全知视角等。选择合适的叙述视角，可以让受众更好地理解文案包含的信息，最大限度地发挥文案的作用。

扫码看教学视频

下面以文心一言为例，让其切换文案的叙述视角，相关案例如下。

提示词

请用第一人称视角对以下文案进行改写，要求：用分享人的口吻来叙述，分享自己的使用体验。

文案：××睡眠面膜蕴含天然植物精华，质地轻盈易吸收。睡前一抹，深层滋养，锁住肌肤水分，唤醒肌肤活力。让肌肤在睡梦中焕发自然光彩，醒来即见水润透亮！

文心一言

嘿，小伙伴们，今天我想和大家分享一下我最近超爱的××睡眠面膜。这款面膜真的是我的夜间护肤小秘密呢！它里面蕴含了丰富的天然植物精华，每次使用都让我感觉特别安心。它的质地超级轻盈，一抹就化开了，特别好吸收，完全不会有黏腻的感觉。

……

如果你也在寻找一款能让你在睡梦中也能悄悄变美的面膜，××睡眠面膜绝对值得一试哦！

4.1.5　有效精简文案内容

文案并不是字数越多、句式越复杂就越好，太多的文字会让受众产生阅读疲劳，过于烦琐的叙述会让受众难以抓住重点和理解文案信息。因此，对文案内容进行精简可以提高文案的可读性和专业性，使信息更为突出和清晰。

扫码看教学视频

下面以文心一言为例，有效地完成文案内容的精简，相关案例如下。

提示词

请帮我对以下文案进行精简。要求：保留文案的主题思想，语句通顺
文案：
杨梅盛宴，夏日里的酸甜诱惑！
炎炎夏日，你是否正在寻找那一抹清新的酸甜口感？那么，不妨来一场杨梅的味蕾狂欢吧！
口感独特：轻轻咬下一颗杨梅，先是酸甜的汁液在舌尖跳跃，随后果肉在口中释放出饱满的果汁，那种独特的酸甜交织，仿佛在舌尖上跳起了一支欢快的夏日舞曲。每一颗杨梅都是大自然的馈赠，让你在品尝中感受到夏日的清新与甜美。
特点鲜明：杨梅不仅口感绝佳，其外观也颇具特色。红得发紫的外表下，隐藏着诱人的果肉和满满的果汁。它们小巧玲珑，像一颗颗璀璨的宝石，在阳光下熠熠生辉。杨梅的果核小巧易食，让你在享受美味的同时，无须担心果核的困扰。
营养丰富：杨梅不仅美味可口，还富含多种营养成分。它含有丰富的维生素

C、膳食纤维以及多种矿物质，如钾、钙、镁等。这些营养成分有助于增强免疫力、促进肠道健康、维持正常血压和心跳等功能。同时，杨梅还具有一定的抗氧化作用，能够抵抗自由基的侵害，延缓衰老。

功效多多：杨梅不仅美味可口，还具有多种功效。它能够帮助消化、增进食欲，对于缓解夏季食欲不振、消化不良等问题具有一定的作用。此外，杨梅还具有解暑生津、止渴除烦的功效，让你在炎炎夏日中感受到一丝清凉。

快来品尝这美味的杨梅吧！让它在你的舌尖上跳跃出夏日的酸甜乐章，为你的夏日生活增添一份清新与甜美！

🔷 文心一言

杨梅盛宴，夏日酸甜诱惑！

夏日寻酸甜，杨梅来满足。独特口感，酸甜交织，如夏日舞曲，清新甜美。外观诱人，小巧如宝石，果核易食。营养丰富，含维生素C、膳食纤维，以及钾、钙、镁等矿物质，可增强免疫力，促肠道健康，抗氧化防衰老，更助消化、增食欲，解暑生津，夏日必备。快来品尝，让杨梅在舌尖跳跃，为夏日增添清新甜美！

4.1.6　修改标题文案

一个好的标题能够吸引受众的注意力，引导他们进一步了解文案的内容，并激发他们点击的欲望或行动意愿。因此，在创作文案时，用户需要对标题文案进行精心设计和不断优化，这样才能提高文案的阅读量和关注度。

扫码看教学视频

下面以文心一言为例，让其根据已经完成的文案内容对标题进行修改，相关案例如下。

👤 提示词

请根据以下文案内容对标题进行修改，并说明这样修改的好处。要求：精准概括文案内容，简洁明了，能够激发受众的好奇心和购买欲

标题：夏日必备防晒霜推荐

文案：夏日炎炎，紫外线强烈，防晒必备！推荐这款防晒霜，轻盈不油腻，持久防晒效果好，有效抵御紫外线伤害，保护肌肤免受晒伤、晒黑。轻松涂抹，即刻享受清凉防晒体验，让夏日更安心！

文心一言

> 修改后的标题：夏日轻盈防晒，晒不黑晒不伤的秘密武器！
>
> 修改好处：
>
> 1. 精准概括：新标题不仅提到了夏日防晒的必要性，还强调了产品的轻盈特性和防晒效果，即"晒不黑晒不伤"，更全面地概括了文案内容。
>
> 2. 激发好奇心：通过"秘密武器"这一表述，激发了受众的好奇心，让他们想要了解这款防晒霜到底有何特别之处，能够成为防晒的"秘密武器"。
>
> 3. 提升购买欲：……

4.2 用 AI 润色文案

在新媒体文案创作中，细节决定成败。本节将深入探索如何用AI技术为文案润色，让文字更加出彩。通过巧妙地添加过渡语可以使文案流畅自然，逻辑严密；提炼段落的主题句能让读者一目了然，抓住重点；调整文案的结构方式和替换不恰当的词汇，可以进一步提升文案的专业性和可读性；添加修辞手法将为文案增添一抹亮色，使其更加生动有趣，引人入胜。

4.2.1 添加过渡语

过渡语是连接不同段落或句子的词语或短语，添加过渡语可以增加文案的连贯性和逻辑性，便于受众更好地理解上下文之间的关系。

扫码看教学视频

下面以文心一言为例，让AI根据上下文添加合适的过渡语，相关案例如下。

提示词

> 请根据该电商文案中的上下文，在适当位置添加过渡语，以提高段落和句子之间的流畅度
>
> 文案：夏日防晒新选择，清爽、防护两不误！我们的防晒衣采用高科技聚酯纤维，轻盈透气，快干清爽，让您在烈日下依然保持舒适。同时，其优异的抗紫外线性能，可以有效阻隔紫外线伤害，全方位守护您的肌肤。选择我们，让您的夏日出行更加安心！
>
> 防晒衣也有细微的缺点，任何产品都难以完美，防晒衣在长时间日晒或极端环境下可能会有轻微褪色。但请放心，这并不影响其防护效果。选择我们，

细微瑕疵也难掩其高品质的光芒，让您的夏日更加闪耀！

文心一言

夏日防晒新选择，清爽、防护两不误！我们的防晒衣采用高科技聚酯纤维，轻盈透气，快干清爽，让您在烈日下依然保持舒适。同时，其优异的抗紫外线性能，可以有效阻隔紫外线伤害，全方位守护您的肌肤。选择我们，让您的夏日出行更加安心！

然而，防晒衣也有细微的缺点，毕竟任何产品都难以做到尽善尽美。具体来说，防晒衣在长时间日晒或极端环境下可能会有轻微褪色的现象。但请广大消费者放心，尽管存在这一细微瑕疵，但这并不影响其出色的防护效果。选择我们，细微瑕疵也难掩其高品质的光芒，让您的夏日更加闪耀！

4.2.2　提炼段落的主题句

主题句是指段落中的核心句，通常出现在段落的开头。它高度概括了段落的主要观点，可以清楚、直接地表达段落主题。

扫码看教学视频

下面以文心一言为例，让AI根据段落内容提炼出相应的主题句，相关案例如下。

提示词

请提炼出文案中的主题句，并分析原因。

文案：在创作短视频文案标题时，要力求简洁明了，直击观众兴趣点。一个好的标题应能迅速吸引观众的注意力，同时准确传达视频的核心内容。可以使用疑问、悬念、数字、情感共鸣等手法，增加标题的吸引力。此外，注意标题与视频内容的匹配度，避免夸大其词或误导观众。通过精心构思的标题，让你的短视频在众多内容中脱颖而出，吸引更多观众点击观看。

文心一言

主题句：在创作短视频文案标题时，要力求简洁明了，直击观众兴趣点。

分析原因：

1. 概括性：这句话直接概括了文案的核心要点，即短视频文案标题的创作原则和目标。它明确了标题应该具备的特性——简洁明了，以及应该达到的效果——直击观众兴趣点。

2. 重要性：标题是短视频文案给人留下的第一印象，对于吸引观众点击观看至关重要。这句话突出了标题在短视频创作中的重要性，强调了创作者在构思标题时需要遵循的原则。

3. 导向性：这句话为创作者提供了明确的导向，即要围绕观众的兴趣点来构思标题，以确保标题能够迅速吸引观众的注意力。同时，它也暗示了创作者在构思标题时需要避免冗长、模糊或误导性的表述。

4. 后续内容的铺垫：……

4.2.3　调整文案的结构方式

一般来说，文案或段落的结构可以分为总—分、分—总和总—分—总这3种结构方式。不同的结构方式有各自的特点，例如总—分—总结构可以兼顾内容的总体概括和详细分析，综合考虑到了整体与细节，使文案或段落的层次感更明显。

扫码看教学视频

下面以文心一言为例，让AI根据需求对文案或段落的结构方式进行调整，相关案例如下。

💻 提示词

请将以下文案调整为总—分的结构方式。

文案：学习用AI生成公众号文案的技巧。首先，明确文案的目标和受众，让AI了解你的内容需求和风格。利用AI工具提供的关键词推荐功能，选取与公众号主题相关的词汇，确保文案的针对性和相关性。其次，学习调整AI生成文案的语法和表达方式，使其更符合公众号的语言风格和阅读习惯。同时，关注文案的流畅性和逻辑性，确保内容易于理解和接受。

总结：通过学习上述技巧，公众号运营者可以充分利用AI工具提升文案的写作效率和质量。借助AI的智能化功能，快速生成符合公众号风格和需求的文案，为公众号运营增添新动力。

◎ 文心一言

总结：
通过学习利用AI生成公众号文案的技巧，公众号运营者可以显著提升文案的写作效率和质量，为公众号运营增添新动力。

分述：
1. 明确目标与受众：首先，要让AI了解文案的目标和受众，明确内容需求和风格，这是生成高质量文案的基础。

2.利用关键词推荐：利用AI工具提供的关键词推荐功能，选取与公众号主题紧密相关的词汇，确保文案的针对性和相关性。

3.调整语法与表达方式：……

4.注重流畅性与逻辑性：……

通过上述技巧的综合运用，公众号运营者可以充分利用AI工具的智能化功能，快速生成既符合公众号风格又满足读者需求的优质文案。

4.2.4　替换不恰当的词语

在文案中使用恰当的词汇可以确保信息传达的准确性，体现用户的文学水平和表达能力。词汇是否恰当需要用户根据文案的性质、受众和作用等因素来进行判断，例如比较正式的文案中应该避免使用方言或口语化的词汇。

扫码看教学视频

下面以文心一言为例，让AI对不恰当的词汇进行替换，相关案例如下。

提示词

请将以下文案中的书面用词替换成口语化的词汇。

文案：用AI生成更有趣的公众号文案，关键在于创意引导和情感融入，让内容更富有吸引力和共鸣。

文心一言

用AI整点更逗的公众号文案，重点就是要有创意，带着观众走，再加上点感情，让内容更吸引人，让大家看了有感触。

4.2.5　添加修辞手法

添加修辞手法是常见的文案润色方法之一，这样做可以增强文案的表达力和艺术性，从而更容易获得受众的关注与喜爱。修辞手法的种类繁多，用户可以指定具体的种类让AI进行添加，下面以文心一言为例让其自由发挥，相关案例如下。

扫码看教学视频

提示词

请为以下文案添加比喻的修辞手法。

文案：夏日的杨梅，颜色是鲜艳如火的，杨梅是解暑佳品，味道是酸甜可口的。

文心一言

夏日的杨梅，有着火焰一样的颜色，仿佛大自然中的热情之火；它就像是炎炎夏日里的一缕清风，是解暑的绝佳伴侣；而它的味道，则像初恋般酸甜可口，让人回味无穷。

本章小结

本章首先介绍了用AI修改文案的方法，包括检查语法拼写、检查案例的真实性、检查重复的内容、切换叙述视角、精简内容及修改标题等技巧；最后，详细阐述了用AI润色文案的步骤，如添加过渡语、提炼主题句、调整结构、替换词汇和添加修辞手法等，旨在提升文案的流畅度和吸引力。

课后实训

鉴于本章知识的重要性，为了帮助读者更好地掌握所学知识，本节将通过课后习题，帮助读者进行简单的知识回顾和补充。

扫码看教学视频

问题：用文心一言为以下文案添加拟人的修辞手法。

文案：太阳很大、很热，笼罩在城市上空，在这样沉闷的天气，街上的行人也无精打采的。

提示词

请为以下文案添加拟人的修辞手法。

文案：太阳很大、很热，笼罩在城市上空，在这样沉闷的天气，街上的行人也无精打采的。

文心一言

太阳展现着它那庞大而炽热的身躯，紧紧拥抱住城市，不让一丝凉爽渗透。在这般沉闷得仿佛能挤出水来的天气里，街上的行人就像是疲惫的旅人，拖着沉重的步伐，无精打采地游荡，仿佛连影子都被热浪烫得提不起劲来。

第 **5** 章

实战：AI新媒体文案 写作案例

　　本章正式揭开AI新媒体文案写作的实战篇章。在这一章，将通过一系列生动的案例，展示AI如何助力新媒体文案的创作与传播，从头条号的构图技巧分享，到微博的眼影盘推广，再到小红书的古风穿搭潮流、公众号的记账技巧秘籍，以及播客的馒头制作教程，AI文案以其独特的魅力，正在深刻改变着新媒体内容的创作格局。

5.1 头条号文案写作

今日头条是一个提供新闻资讯和社交功能的新媒体平台，而头条号文案就是发布于今日头条平台上的文字内容。头条号文案的内容主要以新闻资讯为主，但用户也可以发布其他符合《今日头条社区规范》，并且有信息量、主题鲜明、逻辑严谨或图文并茂的内容。

下面以ChatGPT为例生成头条号文案。在生成过程中，要明确文案的主题，并在指令中提供相关信息，方便ChatGPT围绕主题进行创作。

📇 提示词

请以今日头条平台的文案风格写一篇400字左右的文章，主题为"手机摄影构图技巧分享"，内容包括吸引人的标题和开头、构图技巧、结尾与受众互动。

⑨ ChatGPT

标题：《揭秘手机摄影构图术，让你的照片秒变大片！》

开头：

大家好，今天小编要分享的是一门手机摄影"秘技"，那就是——构图！别再让手机照片沦为普通的随手拍，让我们一起学习如何用构图技巧提升照片质感，让每一张都像经过精心设计的艺术品一样独具魅力！

构图技巧：

1. 引导线：利用场景中的线条，比如建筑物、道路或自然界的线条，来引导视线，让照片更有深度。

2. 黄金分割：将画面按黄金比例分割，让主体出现在黄金分割点上，使照片更具美感和平衡感。

3. 对比与色彩：利用明暗对比和色彩对比，突出照片中的主题，让画面更生动有趣。

4. 前景与背景：利用前景元素增加画面层次，同时要注意前景和背景的协调，避免干扰主体。

5. 对焦与曝光：选定主体对焦，确保曝光合适，让照片更清晰、亮丽。

结尾：

通过学习这些手机摄影构图技巧，你将能够轻松拍出令人惊艳的照片。记得多多实践，发现属于自己的拍摄风格。用手机记录下生活中的美好瞬间，分享给身边的朋友，让大家一起感受手机摄影的乐趣吧！

受众互动：

现在轮到你们了！在评论区分享你们在拍摄过程中用到的构图技巧，或者提出自己的问题，小编会在下一篇文章中精选回答哦。让我们一起努力，成为手机摄影的高手！

喜欢这篇文章的话，记得点赞、评论、分享哦！更多有趣、实用的手机摄影技巧，尽在今日头条平台，敬请关注我们的更新！

5.2　微博文案写作

扫码看教学视频

　　微博是一个用户实时分享信息、传播话题、讨论与交流的社交媒体，能够满足用户关注实时资讯、即时分享、交友互动的需求，而微博文案是指发布于微博平台的文字内容。需要注意的是，如果微博文案的字数比较多，那么部分文案会被折叠，导致不能直接被受众阅读，影响文案的传播效果。因此，用户在让AI生成微博文案时，最好对字数进行限制，尽量用比较简短的话语传达主题。

　　下面以ChatGPT为例生成微博文案，相关案例如下。

💬 提示词

　　提供10条主题为眼影盘推广的可爱风微博文案，每条文案不超过140个字。

⑤ ChatGPT

1.【春日甜心】：浪漫的粉色调，让你的眼妆散发少女心，迷倒全场，这一季，与眼影盘一起唤醒你的可爱魔力！#眼影盘 #可爱风

2.【糖果梦境】：五彩斑斓的眼影，就像甜蜜的糖果，一抹即现独特魅力。打破单调，展现你独特的风格！#彩妆 #可爱眼影

3.【梦幻小仙女】：精致炫彩的眼妆，让你瞬间变身小仙女。眼影盘，是释放魔法的秘密武器，让美丽从眼神开始！#眼妆 #仙女风

4.【初夏微微风】：清新淡雅的眼影，如夏日微风般轻盈。给眼睛一抹温柔色彩，让你绽放清新自然的可爱气息！#清新妆容 #眼影

5.【樱花绽放】：樱花粉眼影盘，唤醒内心深处的浪漫少女。用色彩编织梦幻，成为这个春季最亮眼的焦点！#樱花妆 #少女心

6.【甜蜜草莓】：草莓色眼影，散发着浓浓的甜蜜气息。细腻质地，轻松打造可爱眼妆，让你成为人群中最引人注目的焦点！#草莓眼影 #可爱妆容

7.【独特魅力】：眼影盘中蕴含的多彩魔法，让你散发出独特的个性魅力。成为眼前风景中最引人注目的那一抹色彩！#独特风格 #彩妆

8.【阳光微笑】：温暖的眼影色彩，如同阳光的微笑，照亮你的整个夏天。轻松展现阳光活力的可爱妆容！#夏日妆容 #眼影

9.【奶茶恋人】：浓情奶茶色眼影，温暖如初恋。用眼影盘为你的眼妆增添一抹温馨，成为奶茶恋人中的焦点！#奶茶眼影 #温馨妆容

10.【星空漫游】：星空眼影盘，打破次元壁。让眼睛如同星空一样闪耀，展现出不羁的可爱气息，成为在星空漫游的女孩！#星空眼影 #不羁风

5.3　小红书文案写作

　　小红书是一个社交电商平台，用户可以在平台上分享商品评价、购物经验、美妆护肤心得、旅行攻略等内容，并与其他用户进行互动和交流。

　　在小红书中，用户可以发布文字笔记，也可以发布视频笔记。用户可以借助AI生成文字笔记的标题和内容，从而轻松运营账号和保持更新。

　　下面以ChatGPT为例生成小红书穿搭文案，相关案例如下。

提示词

你是一位拥有百万粉丝的小红书穿搭博主，请以"夏季古风穿搭"为主题，创作一篇小红书爆款笔记，要求标题有亮点，在内容中加入一些真实的经验分享。

ChatGPT

标题：夏日古风梦，清新脱俗穿搭指南！#小红书爆款笔记

大家好，我是你们的小红书穿搭博主，今天要和大家分享的是我最喜欢的夏季古风穿搭！夏日炎炎，古风穿搭正好能带来一丝清新脱俗，让我们一同穿越时光，感受别样的夏日风情。

1.温润如玉的选材

夏日，选择轻盈、透气的材质是关键！我喜欢选用丝绸、麻质等面料，不仅触感舒适，还能打造出古典优雅的氛围。一袭清凉的长裙或者宽松的白衫，

都是夏季古风穿搭的不二选择。

2. 细节之美，小巧精致

古风穿搭的魅力在于细节的处理。我常常选择一些刺绣、蕾丝，或者古铜色的配饰，点缀在服饰上，让整体造型更有层次感。古风发簪、手链都是为夏日增添几分精致的好选择。

3. 色调取舍，清新柔和

夏季本就是五彩斑斓的季节，我在古风穿搭中更偏向清新柔和的色调。淡雅的粉、蓝、绿，或者是经典的米白色，都能给人一种清凉宜人的感觉。同时，搭配一些复古的图案元素，比如花卉、云纹等，更能展现出独特的古风韵味。

4. 配饰点睛，抓住焦点

古风穿搭少不了一些精致的配饰。我最喜欢的莫过于一把古风折扇，或者一串发饰。它们既能点亮整体造型，又能为照片增色不少。在夏日的晴空下，手持折扇，微风轻拂，仿佛走进了一幅古典画卷。

5. 心情愉悦，自信微笑

最重要的一点就是保持心情愉悦，展现出自信的微笑！不管是什么风格的古风穿搭，都要散发出属于你自己的独特气质。夏日的古风穿搭，更是一种表达对美好生活向往的方式，享受这个过程，让自己成为夏日的一部分。

希望这份夏季古风穿搭小红书爆款笔记能给你带来一些灵感！喜欢的话，记得点赞分享哦！一起在夏日里绽放古风的美丽吧！#夏日古风 #穿搭分享 #小红书爆款

5.4　公众号文章写作

在新媒体领域，公众号文章是一大阵地，对于传播思想、传达信息和分享干货等具有重要的作用。写作一篇公众号文章需要经过选题、大纲、初稿、修改、定稿等环节，用户往往会花费大量的时间和精力，而在AI的帮助下，用户可以获得更多的选题灵感，从而提高写文章的效率，更好地发挥公众号文章的作用。

下面以ChatGPT为例生成公众号文章，相关案例如下。

扫码看教学视频

提示词

请以"记账技巧分享"为主题，写一篇公众号文章，要求标题能引人注目，介绍记账的好处，提供一些实用的记账方法，不超过600字。

ChatGPT

标题：《财富自由之路：记账技巧分享，轻松理财不再难！》

正文：

大家好，欢迎来到本期财经小课堂！今天，我们将探讨一个关乎每个人日常生活的话题——记账技巧。或许你一直觉得记账很烦琐，但实际上，它是实现财务自由的第一步。我将分享一些记账的好处，并提供一些实用的方法，让你轻松驾驭自己的财务，实现财富自由。

为什么要记账？

1. 了解花费情况：记账可以帮助你清晰地了解自己的花费情况，知道每一笔钱都去了哪里。这有助于发现不必要的开支，合理调整生活方式。

2. 制定预算：通过对支出的记录，你可以更好地制定预算。合理的预算有助于确保你的收支平衡，为未来的投资和储蓄提供更多的资金。

3. 财务规划：记账是财务规划的基础。了解自己的财务状况，可以更好地规划未来的投资，提前做好财务准备。

实用记账方法：

1. 手机应用记账法：利用手机记账应用，随时随地记录支出。这样不仅方便快捷，而且可以生成清晰的图表，直观地展示你的财务状况。

2. 经典的本子记账法：对于喜欢传统方式的朋友，可以选择一本小本子，每天定时将当天的花费记录下来。这样做有助于形成记账的良好习惯。

3. 分类记账法：将支出分为必需品和非必需品，再进一步细分为食品、交通、娱乐等类别。这样有助于更具体地了解各项开支，为调整预算提供参考。

4. 设立理财目标：……

结语：

记账并不是一项枯燥乏味的任务，而是一种实现财富自由的有力工具。通过记账，你能够更清晰地了解自己的财务状况，制定科学的预算，为未来的财务规划打下坚实基础。选择适合自己的记账方式，坚持每天记录，相信不久的将来，你会在财富自由之路上行得更远。希望这些记账技巧能够为你的理财之路增添一份明亮的指引！

5.5　播客文案写作

头条号文案、大鱼号文案、微博文案、小红书笔记、公众号文章、知乎文案和豆瓣书评都是以视觉性内容为主的新媒体文案，播客内容则是以听觉内容为主的新媒体文案。播客类似于电台，通过声音传播文字内容、信息和观点，是快节奏时代衍生的产物。

虽然传递方式、接收感官不同，但文本实质是相同的，对播客来说，内容同样重要。用户巧用AI文案工具，可以更好地梳理逻辑和厘清思路，撰写更清晰、完整的播客内容。

下面以ChatGPT为例生成播客文案，相关案例如下。

扫码看教学视频

提示词

你是一个播客运营者，正在运营一个面点制作技巧分享的播客，请以"馒头制作技巧：如何又快又好地自制杂粮馒头"为主题来撰写一期播客内容，600字左右。

ChatGPT

大家好，欢迎收听《美味面点轻松做》节目，我是你们的主持人。今天，我们要深入探讨一个备受喜爱的面点——杂粮馒头，带你学习如何又快又好地在家制作这款美味而充满营养的点心。

首先，让我们从杂粮的选择说起。杂粮馒头之所以备受青睐，是因为它融合了多种谷物的营养，为我们提供更全面的营养素。在选择杂粮时，我们可以考虑小麦、玉米、燕麦等常见的主粮，再搭配一些富含纤维、维生素和矿物质的谷物，如藜麦、薏仁等。这样一来，我们不仅可以享受馒头的美味，还能摄入更多的营养成分。

其次，关于面粉的搭配。为了制作出杂粮馒头的松软口感，我们可以选择一些高筋面粉，这有助于增加馒头的韧性和弹性。同时，适量添加一些低筋面粉，可以使馒头更加柔软。面粉的巧妙搭配是制作成功的关键之一。

在调制面团的过程中，水的选择也是非常关键的一步。我们建议使用纯净水，并要保证水的温度适中。温水可以促进酵母的发酵，使馒头更加松软。此外，也可以在面团中加入适量的食用油，增加馒头的香气和口感。

接下来介绍搅拌和揉面的技巧。初次搅拌时，可以将粉料和水均匀搅拌，然后进行揉面。揉面的时候，可以适量添加食用油，这有助于提升馒头的口感。在揉面的过程中要用力均匀，直至面团变得光滑有弹性为止。

发酵是制作馒头的又一重要环节。发酵时间不宜太长也不宜太短，在1~2小时。在温暖的环境中，可以适当缩短发酵时间。发酵完成后，面团会变得松软蓬松，这是制作出口感极佳的杂粮馒头的关键之一。

最后，烘烤的时候记得预热烤箱，掌握好时间和温度，确保将馒头烤出金黄酥脆的外皮，内部松软可口。

总的来说，自制杂粮馒头并不难，关键在于选材、搭配和对技巧的掌握。通过今天的分享，相信大家已经对如何又快又好地制作杂粮馒头有了更深的了解。希望大家在家中动手尝试，享受制作美味馒头的乐趣。感谢收听，《美味面点轻松做》下期再见！

5.6 知乎文案写作

扫码看教学视频

知乎也是新媒体领域传播思想、交流观点的重要平台，人们喜欢在知乎上对一些提问发表看法，也会带着问题去阅读文章。对用户而言，想要创作一些专业的内容并不是一件容易的事，它需要用户知识的积累和深刻的思考，但在AI的帮助下，撰写出专业性强、能够引起人共鸣的文章便不再是难事。

下面以ChatGPT为例生成知乎新媒体文案，相关案例如下。

📷 提示词

请根据知乎平台的写作模式和特征，用科普性文章的形式对以下问题进行回答，不超过600字。

问题：如何避免深夜暴食。

⚙ ChatGPT

标题：深夜暴食科普：五招帮你有效规避

深夜暴食是一个常见的生活习惯问题，不仅影响身体健康，还可能导致体重增加。下面我们将科普一些方法，帮助大家规避深夜暴食的困扰。

1.理解暴食的原因

深夜暴食通常与情绪、压力，以及不规律的作息习惯有关。了解个体的暴食触发因素，有助于人们采取有针对性的对策。例如，通过健康的情绪管理方式，如锻炼、冥想，减少日常压力，可以有效预防深夜暴食的发生。

2. 维持规律的生物钟

规律的作息时间和足够的睡眠有助于维持身体的生物钟。研究表明，不规律的生活习惯容易扰乱代谢机制，增加夜间饥饿感。因此，确保每天充足的睡眠和良好的生活规律，有助于减少深夜暴食的欲望。

3. 合理安排白天的饮食

白天正餐的摄入结构也直接关系到夜间的饥饿感。科学的饮食结构包括多样化的膳食，适量摄入蔬菜水果、粗粮、优质蛋白质等。在晚餐时避免过量油腻和高糖高脂食物，选择容易消化的食物，有助于维持胃肠的正常功能，减少夜间的食欲。

4. 控制零食储备

……

5. 培养自控能力

……

综合来说，要避免深夜暴食，我们可以从多个方面着手，包括调整生活方式、控制饮食结构、培养自控能力等。通过科学的方法，我们能够更好地预防深夜暴食，保持身体健康。

5.7　豆瓣文案写作

在豆瓣平台，书评是新媒体平台中常见的文章形式，发挥着推广与传播图书的作用。要想有效地发挥书评的作用，用户需要具备独到的见解、较强的文字表达能力和写作能力，而在AI的帮助下，用户可以高效地完成豆瓣书评的写作。

扫码看教学视频

下面以ChatGPT为例生成豆瓣书评文案，相关案例如下。

提示词

请根据豆瓣书评的风格，为《白牙》（*White Fang*）这本书写作专业的书评，并拟一个有吸引力的标题，不超过500字。

ChatGPT

标题：《白牙》：野性的共鸣与文明的拷问
在杰克·伦敦的经典之作《白牙》中，读者将被引领进入北方荒野的冰雪世界，与一只名叫白牙的狼犬共同体验生死离别、野性与文明的较量。这部小说以其深邃的哲学内涵和生动的叙事风格，深刻探讨了人类与自然之间的复杂关系，令人陶醉其中。

白牙的成长过程是小说的核心，杰克·伦敦通过对狼犬的生动描绘，展现了动物的天性与人类文明之间的交融与冲突。白牙从野性中崛起，逐渐适应人类社会，其性格的丰富变化令人为之倾倒。作者通过这一独特视角，向读者展示了人类与自然的共生关系，以及在文明的进程中动物所经历的考验。

小说的情节紧凑而扣人心弦，杰克·伦敦以出色的叙述技巧勾勒出北极圈内的荒野景象，使读者仿佛置身于茫茫雪原之中。在这个严酷而美丽的自然环境中，人与野兽的斗争与合作交织出一幅壮丽的图景，令人难以忘怀。

除了故事情节引人入胜，伦敦在小说中还通过深刻的哲学探讨展现出对人性的深刻洞察。白牙的命运不仅仅是一个个体的生死成败，更是对人类文明的一次深刻审视。作者通过对野性的描绘，反思了人类文明对大自然生命的驾驭和对动物的对待，引发读者对道德伦理的深刻思考。

总的来说，《白牙》是一部极具文学价值的巅峰之作，它在故事情节、人物塑造和哲学内涵上都达到了令人满意的高度。这部小说不仅是对自然界的独特描绘，更是对人性、文明和道德品质的深刻探讨。读者在品味其中意义的同时，将深深感受到野性与文明间那无法割舍的纠葛与共鸣。

5.8　大鱼号文案写作

扫码看教学视频

大鱼号是阿里大文娱旗下的内容创作平台，为用户提供内容创作、创作收益与原创保护等服务，而大鱼号文案是指发布于大鱼号平台的文字内容。如果用户想获得内容更丰富、实用性更强的文案，那么在编写指令时就要对文案的大概内容和写作形式进行说明，还可以通过举例让AI了解需要的内容风格。

下面以ChatGPT为例生成大鱼号烹饪技巧文案，相关案例如下。

提示词

请以大鱼号平台的文案风格写一篇400字的文章，主题为"实用的烹饪技巧分享"，内容包括：有吸引力的开头；实用的技巧分享，如青菜焯水时可以加一些油和盐，让青菜的颜色保持新鲜；结尾添加互动。要求：标题需要符合网络传播特性，主体内容用"一、二、三"的序号进行要点罗列，语言风格要更亲切、日常一些。

ChatGPT

> **标题：轻松厨艺 | 小妙招，烹饪更得心应手！**
>
> 嗨，亲爱的大鱼号读者们！在这个美食的时代，你是否也渴望能在家中烹饪出美味又有创意的菜肴呢？别担心，今天小编就来分享一些实用的烹饪技巧，让你的厨艺更上一层楼，走进厨房就像进入了美食的仙境！
>
> **一、焯水有妙招**
>
> 想要做出色香味俱佳的菜肴，焯水是一个关键步骤。而在焯水青菜时，小妙招可不少！首先，不妨在开水中滴入几滴食用油，这样可以让青菜更加鲜嫩有嚼劲；同时，适量的盐也是必不可少的，不仅能保持青菜的颜色，还能增添一份咸鲜，让你的家常小炒更具味道。
>
> **二、巧用葱姜蒜，提升料理层次**
>
> 在烹调过程中，葱姜蒜可谓是厨房的三剑客，它们的巧妙搭配可以为菜肴提升层次感。例如，炒菜时可以在热油中放入葱姜蒜爆炒，使香味充分释放；而在煲汤时，适量的姜片能够去腥提鲜，让汤更加美味可口。
>
> **三、米饭变"香"术**
>
> ……
>
> **结尾互动**
>
> 你有什么独门的烹饪技巧呢？快留言分享给大家吧！让我们一起在美食的世界里交流心得，打造属于自己的独特口味！

5.9　行业软文文案写作

行业软文是指围绕不同行业的产品或服务进行宣传推广、信息分享等的文字内容。常见的行业软文有汽车类软文、数码类软文、房产类软文、旅游类软文等。

扫码看教学视频

在运用AI写作行业软文时，首先需要确定发布的新媒体平台，不同的平台受众的喜好不同，并且有不同的语言风格和排版需求；其次是尽量使用简洁、有说服力的语言，能起到良好的宣传效果；最后是定期更新产品的宣传资料，让人们了解最新的动态。

下面以ChatGPT为例生成一篇旅游类软文，相关案例如下。

提示词

我经营了一家特色旅行社，请帮我以软文的写法写一篇400字的文章，主题为"小众草原推荐"，内容包括：有吸引力的标题；推荐的草原和推荐的原因，结尾与受众有互动。要求：符合小红书平台的文案特性和受众喜好。

ChatGPT

标题：探寻小众草原之美，感受大自然的怀抱

在都市的喧嚣中，你是否曾梦想远离尘嚣，走进一片宁静的大草原？作为一家致力于发现独特之美的特色旅行社，我们为您精心推荐一次别开生面的旅行——小众草原之旅，让您领略大自然的独特魅力。

推荐草原一：红原大草原

红原大草原，位于四川省阿坝藏族羌族自治州，被誉为"天堂之花"。这片小众草原以其独特的地貌和丰富的生态而备受瞩目。漫步在红原大草原上，仿佛走进了一幅宏伟的画卷，辽阔的草原上草儿摇曳生姿，远处的雪山与蓝天相映成趣，让人陶醉其中。

推荐原因：独特的藏文化

红原大草原深藏着丰富的藏族文化，游客不仅可以欣赏到悠扬的藏族歌舞，还能品味到正宗的藏式餐饮。与当地藏民亲密接触，了解他们的传统生活方式，将为您的旅程更添别样情趣。

推荐草原二：乌兰布统草原

……

推荐原因：奇异的地质奇观

……

结尾

……

互动环节

期待听到您的故事，与我们分享您在小众草原之旅中的精彩瞬间。留言告诉我们，大自然对您而言意味着什么，或者您心中还有哪些未探索的小众胜地，我们将不胜欣喜地为您定制更多独特之旅。让我们一同走进自然的怀抱，感受草原之美。

5.10　爆款标题文案写作

扫码看教学视频

　　标题文案向来是写文章不可或缺的重要元素，对新媒体文章来说也不例外。一个好的新媒体文章标题可以点明文章的主旨，帮助文章快速吸引读者，从而为新媒体账号带来更好的曝光和流量。在AI的帮助下，用户能够了解不同新媒体平台的标题特征，写出更加有价值的爆款标题文案。

　　下面以ChatGPT为例生成百家号平台爆款标题，相关案例如下。

提示词

请简要介绍百家号平台的标题特征，并为一篇主题为"身体乳推荐"的百家号笔记生成5个爆款标题。要求：有吸引力，符合百家号平台的标题特征，字数在20字以内。

ChatGPT

百家号平台的标题特征主要体现在以下几个方面。

1.简洁明了：标题应简洁，表达清晰，不宜过长。

2.吸引眼球：用引人注目的词语激发读者的好奇心或兴趣，能够让其产生点击的欲望。

3.关键词明确：突出主题的核心关键词，有助于平台推荐和搜索。

4.具备实用性：传递出对读者有帮助的信息，如"推荐""技巧""干货"等。

以下是针对主题"身体乳推荐"的5个爆款标题建议。

1.冬季必备！5款最值得入手的身体乳推荐

2.肌肤干燥救星！这些身体乳让你皮肤水润一整天

3.这些身体乳，轻松解决你的干燥烦恼！

4.告别粗糙皮肤！试试这5款超好用的身体乳

5.保湿不油腻！2024年最推荐的5款身体乳清单

本章小结

　　本章首先介绍了各新媒体平台的AI文案写作实例，涵盖了头条号、微博、小红书、公众号、播客、知乎、豆瓣及大鱼号等多个热门平台；接着介绍了行业软文的AI文案写作实例，实现品牌与受众之间的深度互动和信任关系的建立；最后介绍了爆款标题的AI文案写作实例，包括如何运用AI技术来优化标题设计，提高文案的点击率和传播效果。

课后实训

扫码看教学视频

鉴于本章知识的重要性，为了帮助读者更好地掌握所学知识，本节将通过课后习题，帮助读者进行简单的知识回顾和补充。

问题：使用ChatGPT写一篇关于"多巴胺穿搭"的小红书推广文案。

提示词

请以"多巴胺穿搭"为主题，创作一篇小红书推广文案，要求标题要有亮点，内容列举一些生动的案例，有针对性。

ChatGPT

标题：打破沉闷，穿出快乐！多巴胺穿搭让你元气满满每一天

正文：

你是否每天打开衣柜，发现自己陷入了穿搭的困境？今天就来给你带来一个全新的穿搭灵感——多巴胺穿搭！这种以"色彩"和"愉悦感"为核心的穿搭风格，能让你在日常生活中穿出积极、快乐的气质，提升你的心情和元气值。

1. 色彩搭配：让每一天都充满阳光

多巴胺穿搭的关键就是选择鲜亮、活力四射的颜色。比如，一条明黄色的裙子，配上一双橙色的小白鞋，瞬间就能让你看起来像个阳光少女，哪怕是阴雨天气，也能给人一种充满正能量的感觉！

案例：

张小姐的日常搭配：今天，张小姐穿了一条鲜红色的连衣裙，搭配白色运动鞋和同色系的小包包。她说，这样的搭配让她无论走到哪里，都会吸引到人们的目光，瞬间让她心情大好，特别是红色那种热情的能量，让她感觉到整个人都变得更加自信。

2. 图案与元素：个性化的艺术展现

……

案例：

……

3.配饰：小细节，大心情

……

案例：

……

4.材质：舒适与愉悦并存

……

案例：

……

结语

多巴胺穿搭不仅仅是为了追求外在的美丽，更是为了让你感受到穿搭带来的快乐与积极的情绪。每一件服装、每一项配饰都能成为你传递好心情的武器，让你无论身处何地都能散发出独特的能量！赶快打破沉闷、拥抱色彩，开始你的多巴胺穿搭之旅吧！

#穿搭分享 #多巴胺穿搭 #阳光心情 #色彩疗愈 #活力穿搭 #时尚灵感

第 6 章

实战：其他类AI文案写作案例

  踏入实战领域，本章将深入剖析其他类AI新媒体文案写作案例，涵盖办公、短视频与电商3大板块。从PPT制作到团队成员选拔通知，从护手霜电商详情页到自制卤牛肉干货分享类视频，再到雪地靴电商主图与不粘锅电视广告文案，AI以其独特的创意与精准定位，为各类新媒体文案写作注入新活力，让人们领略其在实战中的卓越表现。

6.1　办公类文案写作案例

如今，很多企业和机构都开通了新媒体账号，以更直接、高效的方式与公众进行沟通和互动。这些新媒体平台不仅为企业提供了一个展示自身形象、宣传产品和服务的重要窗口，同时也成了企业与消费者之间建立信任、深化关系的关键桥梁。

在这样的背景下，办公类文案的写作显得尤为重要。一份优秀的文案，不仅要能够准确传达企业的核心价值，还要能够吸引公众的注意力，激发他们的兴趣和参与度。因此，掌握办公类文案的AI写作技巧，对于企业和机构在新媒体时代取得更好的传播效果具有重要意义。

6.1.1　PPT主题文案写作

AI具备丰富的信息储备和强大的创造力，用户可以通过AI生成PPT主题、封面页、大标题和副标题、目录大纲，以及指定的内容页数等，形成完整的PPT，协助人们制作PPT。下面以使用ChatGPT生成PPT主题文案为例进行介绍，相关案例如下。

扫码看教学视频

提示词

我们公司最近推出了一款电动按摩梳，但是销量和市场反应都不理想，我需要做一个PPT在会上对这个问题进行汇报和分析，请为我想几个PPT主题。

ChatGPT

当你需要汇报和分析公司电动按摩梳销量和市场反应不理想的情况时，以下是一些可能的PPT主题。

1. 市场需求分析

介绍当前市场对电动按摩梳的整体需求情况。

分析消费者的偏好和趋势，以确定产品是否符合市场期望。

2. 竞争对手分析

对比竞争对手的同类产品，找出其成功之处。

分析竞争对手的市场份额和策略，以了解公司在市场中的定位。

3. 产品定位和差异化

评估公司电动按摩梳的独特卖点和与竞争对手的区别。

提出是否需要调整产品定位以更好地满足市场需求。

4. 消费者的反馈和问题点

汇总消费者的反馈，包括正面和负面的意见。

分析消费者对产品的不满意之处，找出出现问题的根本原因。

5. 市场营销策略评估

回顾过去的市场营销策略，分析其对销售的影响。

提出是否需要调整营销策略或者开展新的宣传活动。

6. 销售数据和趋势分析

展示销售数据的变化趋势，包括销售额、销售量、退货率等。

分析出现这一销售数据背后的原因，是否受季节影响或其他因素。

7. 价格策略评估

……

8. 市场扩张计划

……

9. 品牌形象和宣传

……

10. 改进计划和行动步骤

……

这些主题将有助于企业全面地分析问题，并提出有针对性的解决方案，以期望提高电动按摩梳的销售和市场反应。

6.1.2　邀请函文案写作

邀请函是一种正式的书面文件，通常用于邀请个人或团体参加特定的活动、仪式、庆典、会议或其他重要场合。这种文书旨在传达邀请者的真诚邀请，并提供受邀人所需的关键信息。下面以ChatGPT为例进行介绍，为其提供相关的信息，让其生成一封邀请函，相关案例如下。

扫码看教学视频

🙍 提示词

请根据以下信息生成一份O公司年会的请柬。要求：格式规范，措辞真挚诚恳，文雅兼备。

O公司是一家女装设计公司，准备在2025年1月20日的晚上7点至9点举办公司年会，地点在CC酒店的5楼宴会厅，年会安排了红毯拍照墙、经典设计展、员工抽奖和老板发言等活动，现在需要写一封邀请函，邀请全体员工出席年会，希望他们可以穿带有设计感的服装出席，如果有事无法出席，可以提前向上级进行报备。

⬡ ChatGPT

尊敬的O公司全体员工：

您好！值此辞旧迎新之际，O公司荣幸地邀请您出席我们的2025年度盛会——公司年会，共同见证过去一年的辛勤付出和取得的骄人成绩。这将是一场充满温馨和喜悦的盛宴，我们期待您的光临。

时间：2025年1月20日（星期六）晚上7点至9点

地点：CC酒店5楼宴会厅

为了让这个夜晚更加难忘，我们为您精心准备了一系列精彩纷呈的活动，包括红毯拍照墙、经典设计展、员工抽奖和老板发言等。这将是一个展示我们共同努力成果、共同庆祝的时刻。

我们期望您能在这个特殊的夜晚穿着带有设计感的服装出席，与大家一同分享美好时光。我们相信，每一位员工都是公司的重要组成部分，正是因为有了您的辛勤工作和付出，才有了O公司今天的辉煌。

如果您因故无法出席，请您提前向您的上级进行报备。我们理解工作与家庭之间的平衡，也期待您能在未来的活动中与我们共同度过更多美好时光。

在这个充满期待和祝福的时刻，让我们携手共进，迎接新一年的挑战和机遇。感谢您一直以来的支持和努力，让我们共同为O公司的未来继续奋斗！

祝您度过一个愉快的假期，期待在年会上与您相聚！

诚挚邀请，

O公司董事会 敬上

6.1.3　述职报告文案写作

述职报告是对个人在一定时期内工作情况的总结与评价，通常包括工作成绩、存在的问题、改进措施，以及未来的计划等内容。一份高质量的述职报告不仅能够全面反映个人的工作表现，还能体现出员工的职业态度和自我认知水平。

扫码看教学视频

AI能够根据个人的工作经历和成就，生成结构合理、逻辑清晰的述职报告。通过这种方式，员工可以更好地展示自己的工作成果，为个人的职业发展打下坚

实的基础。下面以ChatGPT为例，让AI根据用户的岗位能力快速生成述职报告，相关案例如下。

提示词

我是一名技术支持工程师，在过去的一年内，我解决了超过500个客户的技术问题，客户满意度评分达到了95%，请帮我生成述职报告的相关内容。

请根据我在技术支持、故障排除方面的经验，生成一篇适用于新媒体平台发布的述职报告。

ChatGPT

述职报告：技术支持工程师一年的回顾与成长

大家好，作为一名技术支持工程师，回顾过去的一年，我深感荣幸与责任。在这一年里，我解决了超过500个客户的技术问题，取得了95%的客户满意度评分。这一成就不仅是对我个人努力的肯定，更是团队和公司整体协作精神的体现。

1. 日常工作概述

作为技术支持工程师，我的工作涉及从系统故障诊断到产品使用指导等多方面的任务。我不仅为客户提供了及时有效的技术支持，还通过不断提升自己的技能，确保客户的问题能够高效解决。

2. 技术问题解决

在这一年中，我遇到的技术问题千差万别，包括硬件故障、软件配置错误、网络连接问题等。每一次问题的解决，都意味着客户的困扰得以解除，也让我积累了更丰富的故障排查经验。我不仅依靠理论知识，还利用实践经验快速定位并解决问题，在解决复杂技术难题时，力求高效和准确。

3. 客户满意度

……

4. 持续学习与自我提升

……

5. 成就与挑战

……

6. 展望未来

……

总的来说，过去的一年是充满挑战与收获的一年。感谢公司和团队的支持，也感谢每一位客户的信任与合作。未来，我将继续以客户为中心，提升技术水平，力求在技术支持领域创造更多的价值与突破。

感谢大家的支持！

6.1.4　通知文案写作

通知是一种企业、事业单位用于发布信息、传达资讯的文体，发挥着传递信息、传达决策的作用。在AI的帮助下，用户可以提高撰写通知的效率、准确性和全面性，从而让通知有效地发挥它的作用。

扫码看教学视频

下面以ChatGPT为例生成一则通知，相关案例如下。

提示词

请根据以下内容写一则通知，要求格式规范、条理清晰、重点突出。

D公司将在8月举办为期一个月的图书集市活动，需要组建一个专门的项目团队来负责活动策划、场地联系、参展商沟通、集市设计、宣传推广、活动执行和财务管理等工作，因此在全公司范围内进行成员选拔，选拔方式为每个人选择一个职位，提交一份关于集市活动的策划和职位工作的规划，本次选拔全员都需要参与，起止时间为2025年2月13日至3月7日，通知时间为2025年2月10日。

ChatGPT

D公司图书集市项目团队成员选拔通知

亲爱的D公司全体员工：

为了成功举办即将于8月展开的为期一个月的图书集市活动，我们急需组建一个专业的项目团队，负责活动策划、场地联系、参展商沟通、集市设计、宣传推广、活动执行和财务管理等关键工作。为了确保团队的多元化和高效运作，我们决定在全公司范围内进行成员选拔。

选拔方式：每位员工自行选择一个感兴趣的职位，并提交一份关于图书集市活动的策划和所选择职位工作的规划书。

选拔时间：2025年2月13日至3月7日

提交截止时间：2025年3月7日

请各位员工在上述时间范围内认真准备并提交相关材料。评审团将在选拔结束后迅速进行评估，并于2025年4月10日公布选拔结果。

职位列表：

1.活动策划专员

2.场地联系经理

3.参展商沟通协调员

4.集市设计师

5.宣传推广专员

6.活动执行团队成员

7.财务管理专员

提交要求：

1.策划书：关于图书集市活动的详细策划，包括目标、计划和执行步骤。

2.工作规划：所选择职位的工作规划，包括职责范围、工作计划和预期成果。

我们期待看到各位员工的积极参与和出色的提交。感谢大家对D公司的支持，相信通过大家的共同努力，我们将共同创造一场精彩的图书集市活动！

谢谢！

D公司图书集市项目团队

6.2　短视频类文案写作案例

短视频已经成为新媒体领域的主要流量来源，它以直观、生动、快速的方式吸引了大量用户的关注和喜爱。本节将聚焦于如何利用AI创作富有吸引力的短视频文案，让运营者的短视频能够迅速占据人们碎片化的时间。

6.2.1　短视频主题文案写作

用户可以通过输入相关主题、情节、角色、对话等信息，来启发AI生成创意丰富的短视频脚本。这样，用户就能够更快地创作出吸引人的短视频内容，提高短视频的质量和受众的参与度。不过，制作短视频是为了吸引受众的注意力，传达信息和情感，因此用户首先要借助AI策划一个好的主题。

扫码看教学视频

下面以使用ChatGPT策划短视频主题为例进行介绍，相关案例如下。

💬 **提示词**

关于皮肤清洁，帮我策划10个短视频主题。

ChatGPT

当策划关于皮肤清洁的短视频主题时，你可以涵盖从基础清洁到高级护理的各个方面。以下是一些建议的主题。

1. **日常清洁步骤**：演示正确的日常清洁步骤，包括使用洁面乳、清水冲洗等。

2. **深层清洁技巧**：介绍深层清洁的方法，如使用清洁刷、洁面仪器等，以提高清洁效果。

3. **适合不同肤质的洁面产品**：推荐适合干性、油性、敏感性等不同肤质的洁面产品，帮助观众做出明智的选择。

4. **双重清洁法**：强调双重清洁的重要性，即先使用卸妆产品，再进行深层清洁。

5. **清洁面膜与磨砂**：推荐清洁面膜和磨砂产品，突出它们在去除死皮细胞和清理毛孔方面的作用。

6. **清洁与抗痘**：展示清洁对抗痘的重要性，介绍一些特别适合痘痘肌肤的清洁产品。

7. **清洁与防晒**：讲解清洁与防晒的关系，强调日常清洁对于维护皮肤健康的重要性。

8. **自制天然清洁面膜**：分享制作天然清洁面膜的简单方法，鼓励观众在家中尝试。

9. **夜间清洁流程**：介绍适合夜间的清洁流程，讲解为什么夜间清洁对皮肤屏障修复和更新至关重要。

10. **清洁产品的保质期和储存**：提醒观众定期更换清洁产品，同时注意储存和使用产品的正确方法。

通过这些主题，你可以为观众提供全面的关于皮肤清洁的信息，让他们更好地了解如何维护健康的肌肤。

6.2.2　短视频脚本文案写作

　　有了短视频主题后，用户即可让AI根据这个主题去生成详细的脚本内容。下面使用ChatGPT生成一个短视频脚本，相关案例如下。

扫码看教学视频

提示词

你是抖音上拥有百万粉丝的护肤博主，请根据"睡前护肤小贴士：夜间清洁如何帮助肌肤修复"这个标题，写一个短视频脚本。要求：用分享人的口吻，内容符合平台规则，不要用极限词。

ChatGPT

嗨，大家好！欢迎回到我的抖音频道，我是你们的护肤小天使，×××（你的名字）！今天的话题是关于睡前护肤的小贴士，我们来聊一聊夜间清洁如何帮助肌肤修复。

首先，大家知道吗？晚上是肌肤进行修复的黄金时段哦！在一天的繁忙中，我们的肌肤承受了各种污染和压力，因此一个好的夜间护肤步骤可是非常重要的。

第一步，卸妆！无论你是化了浓妆还是淡妆，都要确保卸妆干净。使用温和的卸妆产品，轻轻按摩，帮助肌肤摆脱一天的沉积。

第二步，就是洁面环节啦！选用适合你肤质的洁面产品，用温水洗净面部，彻底清除残留物质，为肌肤打开呼吸通道。

第三步，保湿是关键！选择一款适合夜间的保湿产品，给肌肤补充水分和养分，帮助它在夜晚更好地修复。

最后，不要忘记眼部护理哦！选择一款滋润的眼霜，轻轻按摩眼周，帮助减轻疲劳，预防细纹的产生。

总的来说，一个完整的夜间护肤流程有助于清理肌肤，促进细胞更新，让我们的肌肤在夜晚得到最佳的修复和滋养。记得早睡早起，给肌肤一个良好的休息时间。如果你喜欢这个视频，别忘了点赞、评论和分享哦！感谢大家的支持，我们下次再见！

6.2.3 干货分享类短视频文案写作

干货分享类短视频文案是指在视频内进行知识分享、实用性技能传授的文字描述，能够帮助受众丰富自己的知识、提高能力或解决问题。这类文案的呈现方式可以是图文短视频，也可以是口播短视频。

扫码看教学视频

下面使用ChatGPT生成一篇干货分享类短视频脚本文案，相关案例如下。

提示词

你是一名专业厨师，现在需要你分享家庭自制卤牛肉的方法，以口播短视频脚本文案的方式来分享。

ChatGPT

标题：【家庭美食分享】自制卤牛肉，鲜嫩多汁，美味无比！

脚本文案：

大家好，我是厨师[你的名字]，今天很高兴和大家分享一道美味的家常菜——自制卤牛肉。这是一道口感鲜嫩、味道浓郁的经典菜品，简单易做，让你在家也能享受到餐馆级别的美味。

首先，我们需要准备一些新鲜的牛腩，这样的牛腩的纹理更加分明，炖出的卤牛肉才会更加入味。将牛腩切块，大小适中。

接下来，我们来制作卤汁。在一个大锅中，加入生姜片、大葱段、八角、桂皮、花椒等香料，然后加入适量的生抽、老抽、料酒、冰糖，搅拌均匀。这个卤汁的秘诀在于搭配得恰到好处，让牛肉入味香气四溢。

将切好的牛腩放入卤汁中，确保每块牛肉都被充分裹上香气十足的卤汁。然后，加入足够的清水，将牛肉浸泡在卤汁中。

……

快来试试吧！自制卤牛肉，让你的家常餐桌也能散发出餐馆般的诱人香气。希望大家喜欢这道美味的卤牛肉，记得点赞和关注哦！

6.3　电商类文案写作案例

随着新媒体与电商的深度融合，新媒体电商平台正以前所未有的速度改变着人们的购物方式和消费习惯。在新媒体电商平台上，AI文案写作以高效、精准、个性化的特点，为电商营销注入了新的活力。AI不仅能够快速分析用户的行为、偏好和需求，还能够根据这些数据生成吸引人的产品描述、促销信息和推荐内容，极大地提升了用户体验和转化率。本节将通过具体案例，探讨新媒体电商平台中AI文案写作的应用与实践，揭示其背后的技术逻辑与创意策略。

6.3.1　主图文案写作

在新媒体电商领域，主图文案能够用于凸显产品的亮点和优势，从而激发消费者的购买欲望。撰写主图文案需要分析产品的特点、受众的需求、市场趋势等多方面的因素，同时还需要一定的网感和文字功底。此时，用户便可以借助AI的力量快速获得电商主图文案。

扫码看教学视频

下面使用ChatGPT生成主图文案，相关案例如下。

提示词

请结合雪地靴的受众需求和产品亮点，撰写雪地靴的电商主图文案，要求语言精简、亮点突出

ChatGPT

主图文案：

为雪域而生，舒适防滑，雪地靴绝对是你冬日的最佳搭档！

保暖升级： 高品质绒里设计，轻松御寒，给你贴心呵护，告别冰冷的冬季！

防滑利器： 专业防滑底纹，让你从容应对冰雪路面，无惧湿滑，在雪地中自如地畅行！

潮流设计： 外观时尚，多色可选，融入潮流元素，即便在寒冷的冬日，依然保持时尚感！

防水防雪： 高品质防水材质，彻底拒绝雪水的侵袭，给你干爽舒适的穿着体验！

轻盈舒适： 轻量设计，减轻行走的负担，鞋底柔软，脚感如临云霄，让你尽情享受雪地漫步的轻松时光！

穿上我们的雪地靴，迎接冰雪世界，让冬日时尚与舒适并存！快来选购，尽情感受温暖陪伴的每一刻！

用户还可以给AI提供更多产品的信息，补充说明产品的亮点，让AI有更多的依据，从而生成更有吸引力和影响力的主图文案。

6.3.2　产品测评文案写作

产品测评文案是宣传产品的有效途径，一般包含专业、客观的产品信息，能够给消费者购买产品提供参考。借助AI的力量，用户可以获得比较全面、中肯的产品测评文案。

扫码看教学视频

下面使用ChatGPT生成一篇产品测评文案，相关案例如下。

提示词

请根据油画棒测评的维度，结合以下信息对产品进行测评，并生成一篇客观的产品测评文案。

产品信息：

Hi是××品牌推出的一款超软油画棒产品，质感细腻，如奶油般丝滑，色彩覆盖力强，并且原料均通过安全检测，符合国家标准；

Hi超软油画棒分为标准24色、马卡龙36色、珠光36色和莫兰迪48色这4种，色系多、颜色丰富，可以满足用户各种场景的色彩需求；

这款油画棒邀请了处在不同维度、不同气候的30名热心用户进行体验，85%的用户都反映油画棒没有变得太硬或太软，依然保持了超软、顺滑的笔触，而且可以在纸张、玻璃和金属等光滑的介质上着色，用手指也可以轻松晕染。

ChatGPT

产品测评文案：Hi超软油画棒

Hi超软油画棒是××品牌最新推出的一款油画工具，它以细腻的质感、奶油般丝滑的触感和强大的色彩覆盖力引起了广泛关注。产品分为标准24色、马卡龙36色、珠光36色和莫兰迪48色4种，色彩丰富，满足用户在不同场景的多样化色彩需求。

维度一：质感和触感

Hi超软油画棒的质感细腻，可以让人感受到油画的纯粹和深邃。与奶油一般的丝滑触感让绘画变得更加轻松自如。通过体验，产品在不同气候下仍能保持超软、顺滑的笔触，85%的用户反映未出现过硬或过软的情况，表现出令人满意的稳定性。

维度二：色彩覆盖力

Hi超软油画棒的色彩覆盖力强大，能够满足用户对丰富多彩画面的追求。产品分为多种规格，每种规格都提供丰富多样的颜色选择，使用户在创作时拥有更广阔的表达空间。

维度三：安全性

Hi超软油画棒的原料经过严格的安全检测，符合国家标准，为用户提供安心的使用体验。产品注重用户的健康与安全，使得用户在使用过程中不必担忧有害物质的存在。

维度四：多场景应用

……

用户应尽可能地多提供一些产品信息给AI，包括详细的产品成分、专业检测凭证、用户使用情况等信息，让AI生成更加客观的测评文案。

6.3.3 品牌宣传文案写作

扫码看教学视频

品牌宣传文案包含品牌文化、品牌优势、产品特征等内容，是品牌营销的有利途径，有助于提升品牌的影响力和知名度。一篇出色的品牌宣传文案可以深入人心，吸引目标受众的好感和欢声。借助AI的力量，用户可以快速撰写出优质的品牌宣传文案。

下面使用ChatGPT生成一篇品牌宣传文案，相关案例如下。

提示词

Z是一个致力于为不同身高、体型的用户设计牛仔裤的品牌，请根据品牌定位和目标受众，为该品牌撰写一篇有创意的宣传文案。

ChatGPT

Z牛仔裤：尽显个性，舒适贴身

在世界的舞台上，每个人都是独一无二的主角。Z牛仔裤满足不同身高、体型的你设计裤子，让你在自己的舞台上散发自信光芒。

个性设计，舒适驾驭

Z牛仔裤不仅仅是一条裤子，更是关于你独特风格的故事。我们深知每个人都有自己的身形，因此我们不断追求创新，为每一位用户打造合身、舒适的牛仔裤。无论是高挑细长，还是娇小玲珑，Z牛仔裤都将完美贴合你的曲线，释放你的个性。

多彩选择，打破束缚

Z牛仔裤的设计理念就是打破传统，追求多元。我们为你提供丰富多彩的选择，不仅有经典的牛仔蓝，还有时尚的独特色彩，让你在日常穿搭中展现更多的个性。无论是搭配休闲T恤，还是搭配正式衬衫，Z牛仔裤都能为你带来独特的时尚风采。

关注细节，品质至上

......

无界时尚，共创未来

......

在Z，我们不仅仅设计牛仔裤，更为大家创造独特的时尚体验。让Z牛仔裤成为你与众不同的标志，让你在每一刻都散发自己独有的光芒。Z牛仔裤，舒适定制，时尚主义。

6.3.4　商品评价文案写作

真实且详尽的商品评价是促使用户做出购买决策的重要依据，使用AI可以更高效地撰写优质的商品评价。AI能够根据商品的特性、用户体验及具体使用场景，生成内容丰富、客观公正的评价文本。

扫码看教学视频

下面使用ChatGPT生成商品评价文案，相关案例如下。

提示词

请为[嘟嘟保温杯]写一条[5星好评]，要求体现[保温性能好、外观好看]的特点，注意需要强调自身使用感受，内容超过50字。

ChatGPT

这是我使用过的最好的保温杯！保温性能真的很棒，早上倒的热水，下午还保持着温度，完全没有失温的情况。外观设计简洁又时尚，拿在手里显得非常高端大气，喝水也变得更有仪式感了。每天都带着它，完全解决了我冬天手脚冰凉的问题，强烈推荐给大家！

6.3.5　商品海报文案写作

商品海报文案是指放置于海报上的产品宣传文字，它具有语言简练、清晰明了、醒目的特点，能够引导消费者做出购买产品的决策。在AI的帮助下，用户可以获得创作商品海报文案的灵感和参考。

扫码看教学视频

下面使用ChatGPT生成商品海报文案，相关案例如下。

提示词

请结合海报文案的特征，从情感共鸣的角度出发，提供10条有关床垫的海报文案。

ChatGPT

在设计床垫海报文案时，情感共鸣是一个关键因素，因为床垫直接关系到人们的舒适度和睡眠质量，这是一个涉及日常生活和健康的重要话题。以下是10条从情感共鸣角度出发的床垫海报文案。

1. 舒适如云，拥抱入梦：

用柔软且带有支撑的床垫，创造一个云端般的温馨角落，让每一个入眠的瞬间都像是被梦境温柔拥抱。

2. 梦幻之眠，来自专业的呵护：

专业设计，细心呵护，让你的梦境在床垫的温馨怀抱中得以绽放，为每一个夜晚赋予梦幻的光彩。

3. 床上的拥抱，是最真实的温暖：

选择我们的床垫，就像在每一个夜晚都获得一次温暖的拥抱，那种真实的温馨感觉让你更期待入梦。

4. 深夜亲吻，来自枕梦之床：

在这个枕梦之床上，每一次深夜的亲吻都变得如此自然，床垫的贴心设计让你的梦境更加美好。

5. 守护每一刻宁静，床垫是静谧的信仰：

当世界安静下来时，床垫成为你唯一需要倚靠的信仰，它守护着每一刻的宁静，为你创造极致的舒适。

6. 梦幻之地，床垫成就你的美梦：

在床垫的陪伴下，你将置身于一个梦幻之地，每一晚都成就一场美丽而宁静的梦境。

7. 亲肤之感，床垫是温柔的告白：

床垫如同亲肤一般温柔，每一寸触感都是对你深情的告白，让你在梦乡感受到真挚的温暖。

8. 宛如天籁之音，床垫是你的音乐盒：

在床垫的柔软中，仿佛能听到天籁之音，每一次入眠都是一场音乐盛宴，为你打开甜蜜的梦境之门。

9. 庇护之所，床垫守护你的每一刻：

床垫是你庇护之所，它温暖、舒适，守护着你每一个不安的夜晚，让你安心入眠。

10. 梦幻之路，床垫引领你进入梦境：

床垫就像是通往梦幻之路的引导者，当你躺下时，它将引领你进入一个美妙的梦境，留下美好的回忆。

6.3.6 详情页文案写作

详情页文案是电商领域用于描述产品详细特征的文字内容，包括产品的具体功能、设计特点、规格包装、使用说明、注意事项等元素，能够以文字的形式全面地介绍产品。借助AI的力量，用户可以快速获得特定产品的详情页文案内容，从而节省人力成本。

扫码看教学视频

下面使用ChatGPT生成详情页文案，相关案例如下。

提示词

请根据以下信息，撰写护手霜的详情页文案。

产品信息：亲亲护手霜，玻尿酸+乳木果油+油橄榄油，有雪松、蔷薇、檀香和白茶这4种香型；

产品特点：智能保湿，持续水润；雪绒触感，一抹即化；大师级调香，长久留香；

目标受众：6岁以上的人群；

包装内容：精致刺绣布袋，烫金礼盒，5袋试用装，护手霜挤压器；

保证与支持：24小时发货，试用不满意无门槛退货，代写贺卡。

ChatGPT

亲亲护手霜

【产品信息】

亲亲护手霜，精选玻尿酸、乳木果油和橄榄油，深度滋润，呵护娇嫩双手。融入雪松、蔷薇、檀香和白茶4种高贵香型，让你的手指间弥漫出独特迷人的芬芳。

【产品特点】

智能保湿，持续水润：

亲亲护手霜采用先进的智能保湿技术，让水分深层锁存，持久滋润，让双手时刻充满水润感。

雪绒触感，一抹即化：

独特的雪绒触感，轻抚间如云雾般融化，丝滑细腻，轻松涂抹，为双手带来无比舒适的呵护。

大师级调香，长久留香：

由香氛大师调配的4款香型，精妙搭配，持久留香。细腻的香气让你的手指间弥漫着迷人的芬芳，散发出自信与优雅。

【目标受众】

亲亲护手霜专为6岁以上的人群设计，关心手部健康的你，无论是白领OL还是居家主妇，都能在日常生活中轻松使用，给予你的双手专业级的呵护。

【包装内容】

每支亲亲护手霜都携带着精致刺绣布袋，独特的烫金礼盒外观，不仅高贵典雅，更显品质感。另附5袋试用装，方便随身携带，时刻保持双手的柔软水润。此外，我们还为您准备了护手霜挤压器，使用更为便捷。

【保证与支持】

我们承诺24小时内发货，确保您能够尽快拥有亲亲护手霜的呵护。若试用不满意，无论任何理由，均提供无门槛退货服务。此外，我们还为您提供代写贺卡的贴心服务，让您能够在送礼时更具心意。

选择亲亲护手霜，为你的双手奉献一份深情呵护，让每一个握手都充满温柔。

本章小结

本章首先介绍了办公类文案写作案例，包括PPT主题、邀请函、述职报告及通知等文案的写作要点；接着介绍了短视频类文案写作案例，涵盖短视频主题、脚本及干货分享类文案的写作方法；最后介绍了电商类文案的写作案例，具体涉及主图、产品测评、品牌宣传、商品评价、商品海报及详情页等多种文案的写作技巧。

课后实训

鉴于本章知识的重要性，为了帮助读者更好地掌握所学知识，本节将通过课后习题，帮助读者进行简单的知识回顾和补充。

扫码看教学视频

问题：使用ChatGPT写一篇产品推广文案。

提示词

请根据以下产品信息，为[办公转椅]生成一篇新媒体电商平台的产品推广文案。

产品信息：[轻松办公，舒适生活，美观耐用，舒脊护腰，品质真实]。

ChatGPT

让办公更轻松，生活更舒适——全新舒脊护腰办公转椅

在繁忙的工作中，是否常常感到腰背疼痛？或者久坐后，肩颈僵硬？是时候给你的办公环境升级了！我们精心设计的舒脊护腰办公转椅，将为你带来全新的坐姿体验，让你告别久坐疲劳。

轻松办公，舒适生活

这款转椅结合了人体工学设计，专为长时间办公的你打造。通过对腰部的精准支撑，帮助减轻背部压力，让你享受轻松办公的每一刻。无论是坐着开会，还是专注工作，都能体验到舒适的支撑感，保持最佳的坐姿，避免因长期不良坐姿带来的健康问题。

美观耐用，品质真实

不仅功能完美，这款办公转椅的外观设计同样出众，简约现代的风格，适配各种办公室装修风格，提升整体办公氛围。同时，采用高质量材料，结实耐用，确保长时间使用依然保持舒适与美观。

舒脊护腰，健康每一天

特别设计的舒脊护腰支撑，能够贴合你的脊柱曲线，有效缓解背部和腰部的压力，减少久坐引发的腰酸背痛问题。让你在忙碌的工作中，保持健康的身体状态，提升工作效率。

选择这款办公转椅，即选择了舒适与健康，让每一天的工作都更加轻松。现在就行动，给自己一个舒适、健康、耐用的办公体验！

【AI新媒体活动策划篇】

第7章

活动策划的AI工具与应用

在新媒体活动策划领域，AI工具正逐渐成为提升效率与创意的关键。本章将详细介绍5款前沿的AI活动策划工具，包括通义、秘塔AI、讯飞星火、橙篇及智谱清言，详细剖析它们的界面设计与核心功能。另外，还将进一步分析AI在活动执行流程、预测分析及需求分析中的应用场景，揭示AI如何为活动策划带来前所未有的精准度与智能化水平。

7.1 AI新媒体活动策划的5大工具

在当今数字化、智能化的新媒体时代，活动策划已不再局限于传统的线下模式，而是逐渐与线上融合，形成了线上、线下联动的新格局。AI技术的引入，更是为新媒体活动策划带来了前所未有的创新与变革。本文将介绍5大AI新媒体活动策划工具，帮助运营者实现从创意构思到执行落地的全面升级。

7.1.1 通义：界面与功能

通义的操作页面设计简洁直观，旨在让用户能够轻松上手并高效地与AI模型进行交互。用户可以通过访问通义的官方网站或者下载通义App进入其操作界面。下面对通义页面中的功能进行讲解。

1. 通义网页版

通义网页版的首页组成如图7-1所示。

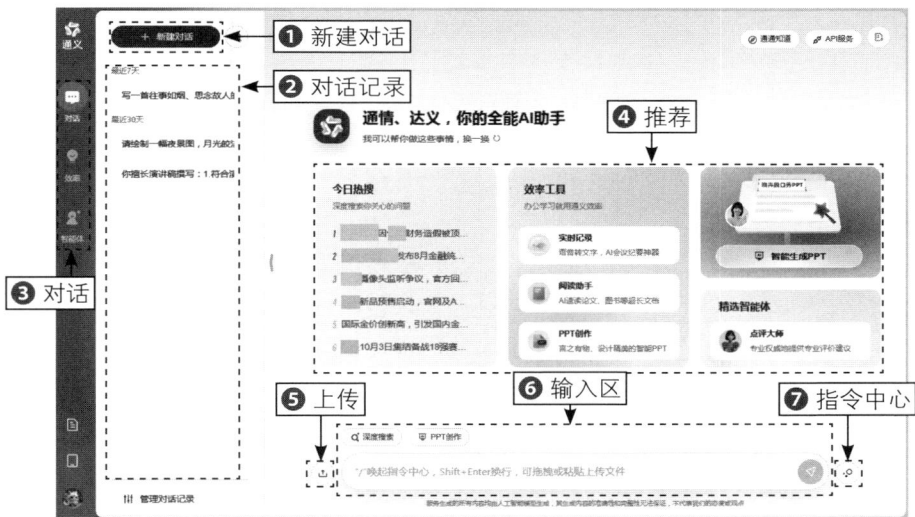

扫码看教学视频

图 7-1 通义网页版的首页组成

下面对通义网页版首页中的各主要部分进行相关讲解。

❶ 新建对话：单击该按钮，系统会关闭当前的对话，开启一个空白的、全新的对话。在新对话中，用户可以提出任何问题、请求帮助或开展新的讨论话题。

❷ 对话记录：该列表主要供用户回顾和管理以往的对话记录，用户无须重新输入问题，就能查看之前的回复或继续之前的讨论。另外，单击历史对话记录

列表底部的"管理对话记录"按钮，可以批量删除历史对话。

❸ 对话："对话"页面会显示当前用户与通义的对话内容，而单击"效率"按钮，将打开"工具箱"页面，其中包括听课开会、办公提效及学习工具等，可以帮助用户提升办公或学习效率；单击"智能体"按钮，将打开"发现智能体"页面，在其中可以搜索各种智能体，从创意文案生成到专业领域咨询，智能体能够覆盖广泛的应用场景，为用户提供从工作到生活的多方面支持。

❹ 推荐：在该区域中，通义会向用户展示"今日热搜""效率工具""智能生成PPT""精选智能体"这4个板块的内容，用户可以单击感兴趣的内容，进行了解和使用。

❺ 上传 ⬆ ：单击该按钮，可以上传文档或图片到通义中，包括但不限于PDF、Word、Excel、Markdown、EPUB、Mobi等类型的文档，以及TXT和PNG等格式的图片文件，以便通义对这些文档内容和图片进行分析。

❻ 输入区：在该区域中，用户可以单击"深度搜索"或"PPT创作"按钮，调用对应的工具进行信息搜索或PPT制作；也可以在输入框中输入文字后，单击输入框右侧的 ◁ 按钮（当输入框中没有任何内容时，该按钮呈灰色 ◁ ），向通义提出问题、请求帮助、发起对话或下达指令。

❼ 指令中心 ◦ ：单击该按钮，会弹出"指令中心"面板，用户可以选择并使用指令模板，进行高效提问。

2. 通义手机版

扫码看教学视频

通义手机版是一款功能强大的AI超级助理应用程序，旨在为用户的日常办公、学习提效和生活娱乐提供全方位、方便快捷的协助。下面介绍通义手机版的主界面组成，如图7-2所示。

下面对通义手机版主界面中的各主要部分进行相关讲解。

❶ 助手：用户在该界面中可以直接进行提问并获得通义的回复。另外，点击"助手"右侧的任意按钮，即可切换至对应的界面，进行探索和提问，例如切换至"工具"界面，用户可以选用通义或用户

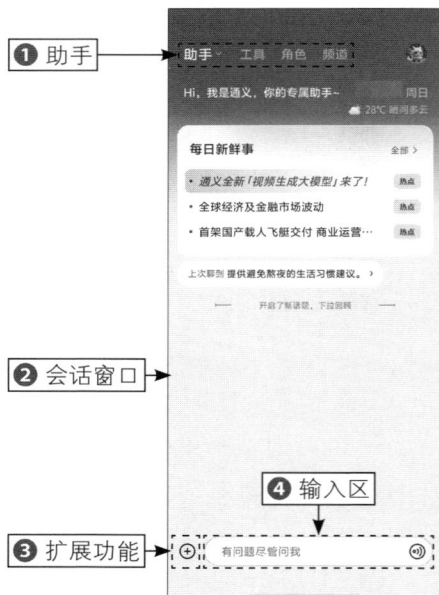

图7-2　通义手机版的主界面组成

提供的工具进行生成；切换至"角色"界面，用户可以选择官方或用户创建的角色进行对话；切换至"频道"界面，用户可以进入不同的频道体验其功能。

❷ 会话窗口：这里是用户与通义进行交流的区域。当用户刚进入会话窗口或新建了一个会话窗口时，会话窗口的顶部会显示问候语、今日日期和天气、随机推荐的每日新鲜事及图书解读；而当用户开始提问后，会话窗口只显示用户发送的提示词和通义的回复内容。另外，下拉会话窗口可以显示部分历史会话内容，多次下拉则可以展示所有历史会话的内容。

❸ 扩展功能⊕：点击该按钮，会弹出相应的面板。在面板中，用户可以点击"图片"或"文档"按钮，上传对应的内容作为提示词；也可以点击"语音通话"按钮，与通义以语音通话的形式进行交流；还可以点击"翻译助手"按钮，进入翻译界面，与通义翻译助手进行交流，以获得需要的翻译内容。

❹ 输入区：该区域包括输入框和语音输入按钮◎两个部分。用户可以在输入框中输入文字提示词，以便向通义进行提问；而点击语音输入按钮◎，输入框会变成"按住说话"按钮，按住该按钮，即可使用语音输入提示词。另外，切换成功后，该按钮会变成键盘输入按钮▦，用户可以选择喜欢的方式来输入提示词。

7.1.2　秘塔AI：界面与功能

秘塔AI搜索能够理解和回应用户提出的问题，无论是生活常识还是学术研究，秘塔都能提供专业有效的回复。下面对秘塔页面中的功能进行讲解。

1. 秘塔网页版

秘塔网页版的页面设计非常简洁直观，整个页面仅有一个搜索框，用户只需输入提示词即可进行搜索，搜索结果以结构化的形式呈现，使用户能够快速获取关键信息。秘塔网页版的首页组成如图7-3所示。

扫码看教学视频

下面对秘塔网页版页面中的各主要功能进行相关讲解。

❶ 主页：选择该选项，可以进入秘塔AI搜索的主页。

❷ 设为默认：选择该选项，进入相应的页面，在其中可以将秘塔设为默认的搜索引擎。

❸ 最近：选择该选项，可以查看秘塔之前的搜索结果，或者继续之前的讨论。

❹ 手机端：选择该选项，将会弹出一个二维码，用户用手机扫码可以安装秘塔AI搜索App。

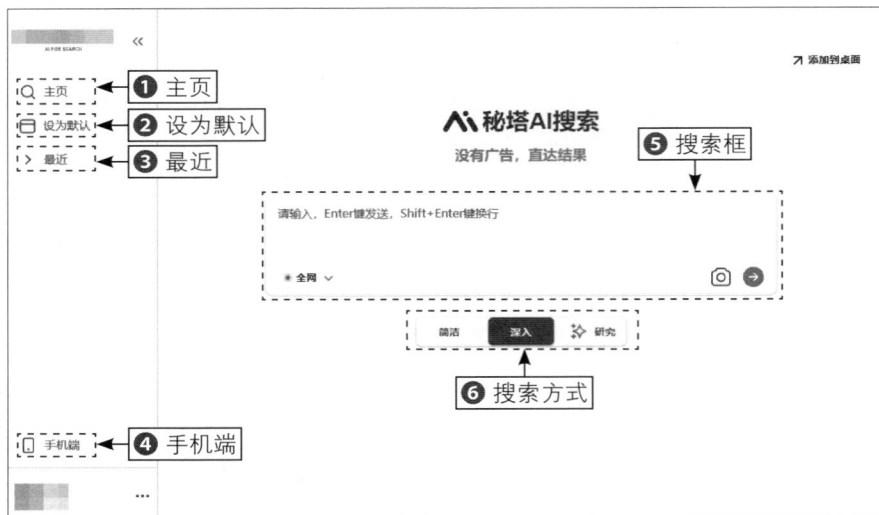

图7-3　秘塔网页版的首页组成

❺ 搜索框：用户可以在其中输入想要查询的问题，以获取相关的搜索结果。

❻ 搜索方式：秘塔提供了3种搜索方式，即"简洁""深入""研究"模式。"简洁"模式会尽量简短地呈现搜索结果，反应速度也最快；"深入"模式会加入对关键信息的解释，并提供丰富的关联信息和汇总相关性强的链接；"研究"模式将对搜索的内容进行深度挖掘，细致研究，能够生成一份详细的研究报告。

2. 秘塔手机版

秘塔手机版是一款功能强大、纯净无广告的AI搜索引擎应用程序，适用于不同用户群体的信息检索需求。下面介绍秘塔手机版首页界面组成，如图7-4所示。

扫码看教学视频

下面对秘塔AI搜索App"首页"界面中的各主要部分进行相关讲解。

❶ 搜索范围：秘塔共有全网、文库、学术和播客4个搜索范围，其中"全网"为默认的搜索范围。用户可以点击"全网"按钮，在弹出的"搜索范围"面板中进行切换。

❷ 输入区：该区域包含输入框、语音输入按钮🎤和发送按钮➡3个部分。输入框用于输入用户想要了解的问题；语音输入按钮🎤可以让用户通过语音来输入提示词令；发送按钮➡可以让用户将提示词发送给秘塔，从而获得搜索结果。

❸ 搜索模式："简洁"模式适用于需要迅速获取信息但不需要深入分析的用户；"深入"模式适用于需要对某个主题进行详细探索和全面了解的用户；"研究"模式适合学术研究和需要深度分析的用户。

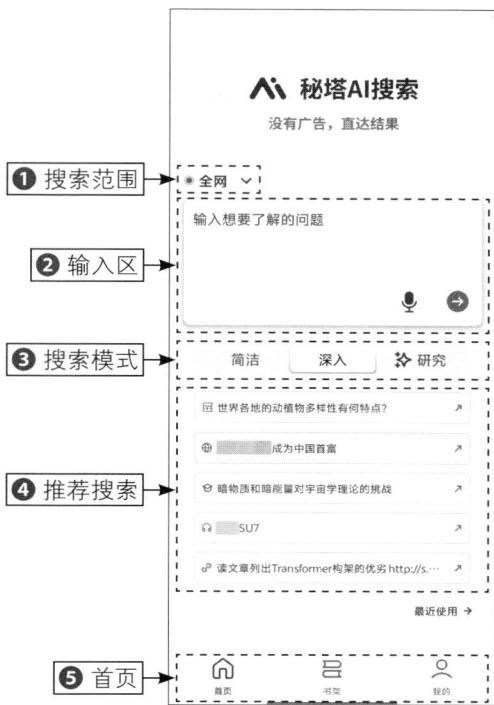

图7-4　秘塔手机版"首页"界面组成

❹ 推荐搜索：秘塔AI搜索会推荐一些热门的话题，感兴趣的用户可以直接点击相关话题，进行搜索。

❺ 首页：该界面是用户进行提问和搜索的主要界面。另外，切换至"书架"界面，用户可以查看在秘塔AI搜索中收藏的文档；而切换至"我的"界面，用户可以查看搜索额度和进行偏好设置。

7.1.3　讯飞星火：界面与功能

讯飞星火大模型具备7大核心能力，包括文本生成、语言理解、知识问答、逻辑推理、数学能力、绘画大师和代码生成等，这些能力在多个国际主流测试集中表现优异。下面对讯飞星火页面中的功能进行讲解。

1. 讯飞星火网页版

讯飞星火网页版的操作页面是一个集成了多种AI功能的平台，为用户提供了便捷、高效的创作和辅助工具，用户通过简单的操作即可实现智能写作、图片生成、素材查找、文章预览等功能，其首页组成如图7-5所示。

扫码看教学视频

123

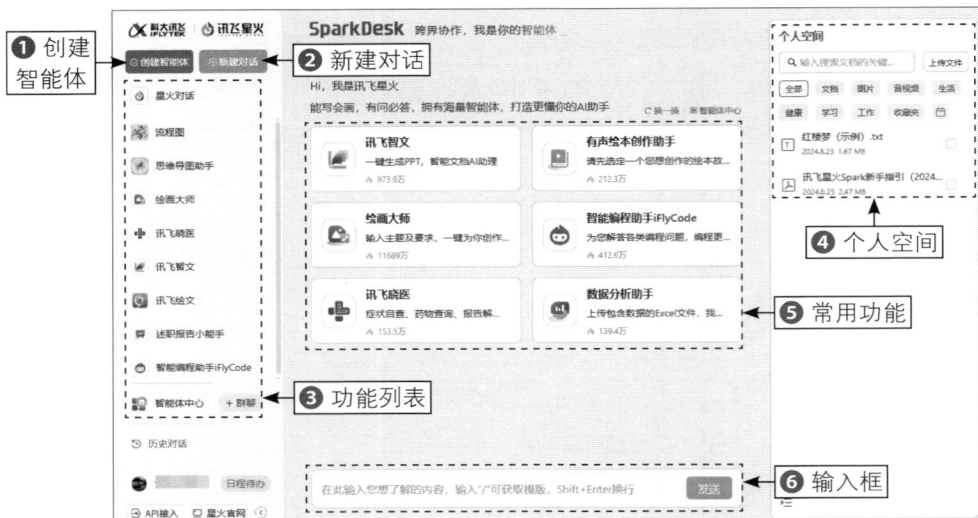

图 7-5　讯飞星火网页版的首页组成

下面对讯飞星火网页版页面中的各主要功能进行相关讲解。

❶ 创建智能体：单击该按钮，用户可以根据自己的需求创建个性化的智能体。这些智能体可以执行各种任务，如信息检索、问答、任务处理、生成内容等，从而满足用户在工作、学习、生活中的多样化需求。

❷ 新建对话：单击该按钮，可以启动一个新的对话。用户输入想要与讯飞星火进行交互的内容，从而开始一个新的对话流程。

❸ 功能列表：在该列表框中显示了讯飞星火的主要功能，如绘画大师、讯飞智文、讯飞晓医、讯飞绘文及述职报告小能手等，快速提升工作效率。

❹ 个人空间：用户通过"个人空间"面板，可以上传自己的Word、PDF、PPT、Excel、图片、音频与视频等文件，形成一个专属的知识库。上传的文件会在"个人空间"面板中自动分类，方便用户快速查找和管理。

❺ 常用功能：在该区域中显示了讯飞星火的常用功能，并对相关功能进行了简单介绍，还显示了功能的热门程度。

❻ 输入框：用户在输入框中可以输入问题、提示词或相关内容，讯飞星火会对用户的问题或提示词进行解析，并给出相应的回答或执行相应的操作。

2. 讯飞星火手机版

讯飞星火在AI文案创作方面的优势体现在其深度学习算法和大规模数据处理能力上，使其能够生成风格多样、情感丰富的文案内容。此外，它还能够根据用户的个性化需求进行定制化创作，提供

扫码看教学视频

独特的文案创作体验。下面介绍讯飞星火手机版主界面的组成，如图7-6所示。

图 7-6　讯飞星火手机版主界面的组成

下面对讯飞星火App主界面中的各主要部分进行相关讲解。

❶ 返回 ‹：点击该按钮，即可返回"对话"界面，用户可以选择其他智能体进行对话，也可以切换至其他界面体验更多功能。

❷ 搜索 Q：点击该按钮，即可进入搜索界面，用户可以输入关键词来搜索软件中的相关内容。

❸ 自动播报 ✚：点击该按钮，即可弹出相应的列表框，里面提供了"新建对话""小星畅聊""新建智能体"这3个选项。其中，选择"新建对话"选项可以创建一个新的对话窗口；选择"小星畅聊"选项可以进入语音通话界面，与AI直接进行语音交流；选择"新建智能体"选项会进入"助手创建"界面，让用户自己创建一个AI助手。

❹ 对话窗口：这是用户与AI进行交流的主要区域，展示了当前对话中的所有提示词和回复。在新建的对话窗口中，AI会推荐一些热门话题和功能，用户可以选择感兴趣的话题或功能进行体验。

❺ 输入区：该区域包含上传按钮 ⊕、输入框和语音输入按钮 ◉ 这3个部分。用户点击上传按钮 ⊕ 可以上传文档或图片，还可以直接与AI进行语音通话；而在输入框中用户可以输入文字提示词来进行提问；点击语音输入按钮 ◉，会弹出语音输入面板，用户可以通过语音来输入提示词。

7.1.4 橙篇：界面与功能

橙篇的操作页面设计非常简洁直观，功能模块划分清晰，用户可以轻松地找到所需的功能模块并进行操作。下面对橙篇页面中的功能进行讲解。

扫码看教学视频

1. 橙篇网页版

橙篇网页版的首页组成如图7-7所示。

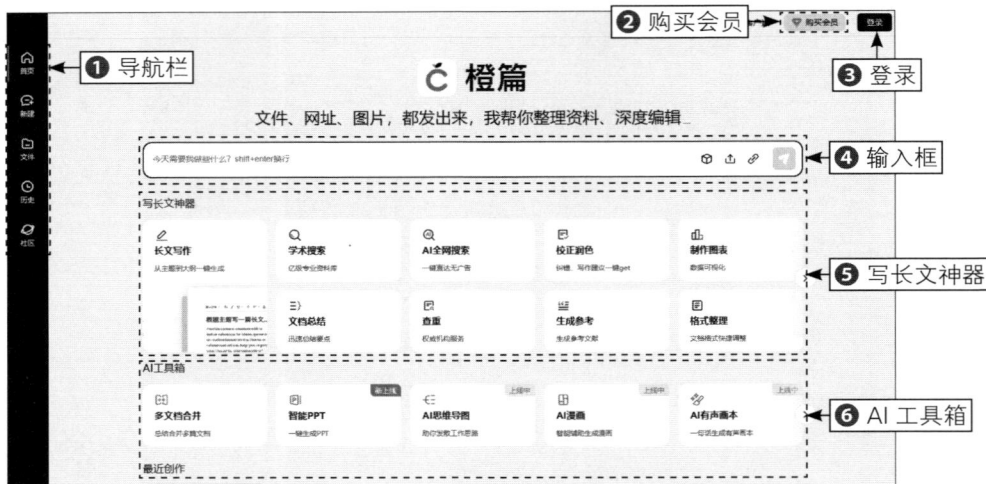

图7-7　橙篇网页版的首页组成

下面对橙篇网页版首页中的各主要部分进行相关讲解。

❶ 导航栏：该区域是橙篇页面中的重要组成部分，它为用户提供了快速访问平台核心功能和资源的便捷途径。下面对导航栏中的5个按钮进行简单讲解。

· 首页：作为用户登录或访问平台后的默认页面，展示了平台的主要功能、最新动态或推荐内容，帮助用户快速了解和使用橙篇平台。

· 新建：允许用户创建一个新的会话窗口，开始新的创作，重新生成新内容。

· 文件：用于管理用户在平台上创建或上传的所有文件。用户可以在这里查看、编辑、删除或分享文件，以及进行文件的导入和导出操作。

· 历史：记录用户近期访问或编辑过的文档、搜索历史等，有助于用户快速找回之前的工作进度或重新访问感兴趣的内容。

· 社区：提供一个交流互动的平台，让用户能够分享创作心得、提问解惑、参与讨论或发现新的灵感。社区功能增强了用户间的连接，促进了知识的共享和传播。

❷ 购买会员：单击"购买会员"按钮，弹出相应的页面，其中显示了开通

会员的相关介绍，如开通价格、权益对比等。

❸ 登录：单击该按钮，可以注册并登录橙篇账号，用户可以使用百度账号进行登录，也可以使用手机短信验证码登录。

❹ 输入框：用户可以通过这个输入框输入各种提示词或指令，以触发橙篇提供的各项AI功能。无论是进行长文写作、资料搜索、文档总结还是其他操作，都需要先在这个输入框中输入相应的提示词或信息，才能获得想要的内容。

❺ 写长文神器：该功能板块是橙篇针对长文写作推出的一项综合性功能，旨在通过AI技术辅助用户快速、高效地完成长文创作。该功能集成了长文写作、资料搜索、全文校正和文档总结等多种功能，为用户提供一站式写作解决方案。

❻ AI工具箱：该功能板块是一个集成了多种AI辅助工具的区域，旨在为用户提供高效、便捷的创作和编辑体验，主要包括智能PPT、AI思维导图及AI漫画等工具。

2. 橙篇手机版

橙篇手机版是一款功能强大的AI创作辅助应用，由百度公司开发，旨在为用户提供高效、便捷的创作体验。下面介绍橙篇手机版"首页"界面的组成，如图7-8所示。

扫码看教学视频

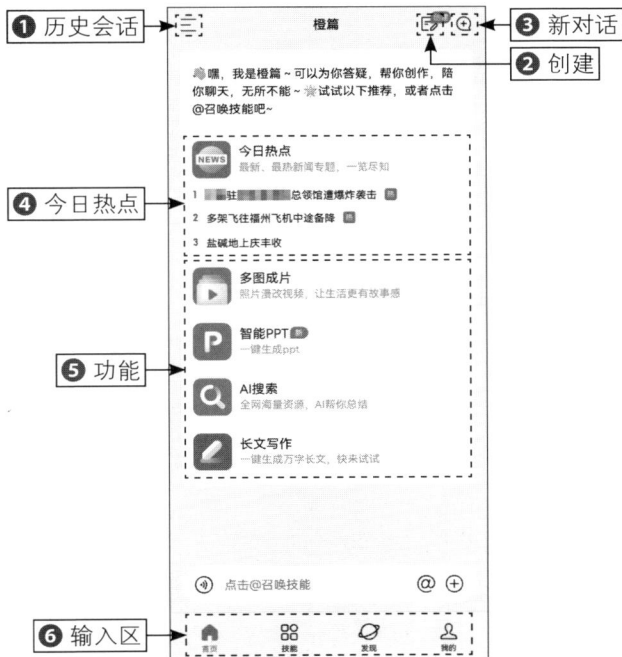

图 7-8　橙篇手机版"首页"界面的组成

下面对橙篇手机版"首页"界面中的各主要部分进行相关讲解。

❶ 历史会话☰：点击该按钮，可以找到用户与橙篇的历史会话记录。单击会话右上角的"编辑"按钮，可以将历史会话删除。

❷ 创建：点击"创建"按钮，可以新建一个文本，用户可以在这里将自己的灵感、创意及作品记录下来。如果用户灵感缺乏，可以利用智能助手帮助创作。

❸ 新对话⊕：如果用户想结束当前的对话，开启一个新的话题，可以点击该按钮，创建一个新的对话窗口。

❹ 今日热点：该区域显示了今日的一些热点事件，用户若对某一热点事件感兴趣，可以点击该区域的任意位置，进入"今日热点"，再点击想要了解的热点，橙篇即可自动整合热点信息，并生成回复。

❺ 功能：这里显示了橙篇常用的功能，包括"多图成片""智能PPT""AI搜索""长文写作"等。"多图成片"功能允许用户上传多张图片，AI会自动根据图片生成一段视频；"智能PPT"功能允许用户仅需输入主题，AI即可一键生成PPT，极大地节省了用户的时间和精力；"AI搜索"功能可以针对用户的问题，提供专业、清晰的回答；"长文写作"功能能够根据用户输入的提示词、主题或参考范文，自动生成内容丰富、结构清晰的长文。

❻ 输入区：该区域包括输入框和语音输入按钮◎两个部分。其中，用户可以在输入框中输入提示词，以便向橙篇进行提问；而点击语音输入按钮◎，输入框会变成"按住说话"按钮，按住该按钮，即可使用语音输入提示词。另外，切换成功后，该按钮会变成键盘输入按钮⌨，用户可以选择喜欢的方式来输入提示词。

7.1.5　智谱清言：界面与功能

智谱清言是一个基于人工智能技术的大型语言模型，它可以进行自然语言理解和生成，能够用于活动策划、智能客服、智能问答、机器翻译、诗词创作等领域。下面对智谱清言页面中的功能进行讲解。

1. 智谱清言网页版

智谱清言官方网页提供了简洁明了的注册与登录窗口，用户需要填写必要的信息（手机号、验证码等）完成注册与登录，之后才可以进入智谱清言的首页。首页中展示了智谱清言的一些常用功能、推荐内容和个性化设置选项，其页面组成如图7-9所示。

扫码看教学视频

图 7-9　智谱清言网页版的首页组成

下面对智谱清言网页版首页中的各主要部分进行相关讲解。

❶ 常用功能：智谱清言作为一个集成多种人工智能服务的平台，其左侧的导航栏中包含平台的常用功能。例如，可以提供智能对话服务的ChatGLM功能、能够进行AI视频创作的"清影智能体"功能、为用户提供更精准的搜索服务的"AI搜索"功能、满足用户以文生图需求的"AI画图"功能、帮助用户快速理解长篇文档核心内容的"长文档解读"功能、帮助用户洞察数据背后信息的"数据分析"功能。

❷ 灵感大全 ⚡：单击该按钮，会弹出"灵感大全"面板，用户可以在其中选择需要的灵感（即提示词模板）进行提问。

❸ 推荐：该区域内容可以帮助新用户快速了解平台的功能和特色，指导他们使用智谱清言进行有效的互动和信息检索。推荐系统会根据用户的历史行为和偏好来展示内容，提供个性化的推荐，这有助于用户快速地找到他们感兴趣的信息。

❹ 智能体：在该板块中，用户可以单击"智能体中心"按钮，进入"智能体中心"页面，查看官方和其他人创建的智能体；也可以单击"创建智能体"按钮，进入相应的页面，根据自己的需求定制一个智能体。

❺ 新建对话：单击该按钮，即可创建一个新的对话窗口，用户可以在此向AI提出新问题，以开启新的对话内容。

❻ 输入区：该区域包含上传按钮📁、输入框和发送按钮➤，其中上传按钮📁支持用户上传最多10张图片或10个文档，输入框支持用户输入想要查询的信

息或提出问题，发送按钮◉则可以帮助用户将上传的图片或文档和输入的提示词发送给AI，以获得相应的回复或服务。

2. 智谱清言手机版

智谱清言手机版是一款基于中英双语大模型ChatGLM开发的智能对话应用，它旨在通过先进的自然语言处理技术，满足用户多样化的创作需求。下面介绍智谱清言手机版的主页组成，如图7-10所示。

扫码看教学视频

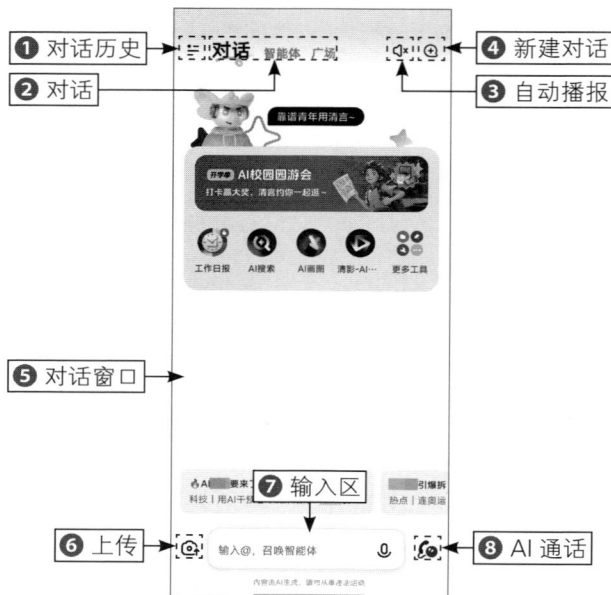

图 7-10　智谱清言手机版的主页组成

下面对智谱清言手机版主页中的各主要部分进行相关讲解。

❶ 对话历史☰：点击该按钮，即可弹出"对话历史"侧边栏，用户可以查看该账号的所有对话记录。

❷ 对话：这是用户向AI发送提示词并获得回复的主要界面。另外，点击"对话"右侧的"智能体"按钮，进入"智能体"界面，用户可以选择和使用官方及其他用户提供的智能体进行对话，也可以创建属于自己的智能体；点击"对话"右侧的"广场"按钮，进入"广场"界面，用户可以查看和收藏其他人分享的对话。

❸ 自动播报◁×："自动播报"功能默认为关闭状态◁×，如果用户需要AI语音播报生成的回复，则可以点击"自动播报"按钮，使其变成开启状态◁»，即可启用"自动播报"功能。

❹ 新建对话⊕：点击该按钮，会新建一个对话窗口，用户可以与AI讨论新的话题或让AI重新对上一个话题进行回复。

❺ 对话窗口：这是用户与AI进行实时交流的窗口，会显示当前对话中的所有提示词和回复，并支持用户对回复进行选择、播放、复制、分享、点赞和点踩等操作。在新建的对话窗口中，会显示智谱清言推荐的AI工具和热门话题，用户可以点击对应按钮进行使用和提问。

❻ 上传⊙：点击该按钮，会弹出相应的面板，用户可以点击"相册"或"文件"按钮，上传图片或文档，作为提示词的一部分；也可以点击"拍摄"按钮，现场拍摄并上传图片。

❼ 输入区：在该区域中，用户可以直接输入提示词，也可以点击⬤按钮，将输入框变成"按住说话"按钮，长按"按住说话"按钮，使用语音输入提示词。

❽ AI通话📞：点击该按钮，即可进入通话界面，用户可以直接与AI进行语音通话；也可以打开摄像头，与AI进行视频通话。

7.2　AI 在新媒体活动策划中的应用

随着人工智能技术的飞速发展，AI正逐步渗透到新媒体活动策划的各个环节，以其强大的数据处理与分析能力，为活动策划带来了革命性的改变。本节将深入探讨AI在新媒体活动策划中的应用，从基本知识入手，揭示AI如何助力活动策划者更好地把握市场动态。同时，本节还将详细阐述AI在活动预测分析与需求分析中的具体应用场景，展现如何利用AI技术精准地预测活动趋势，深度挖掘用户的需求，为活动策划提供科学依据与决策支持。

7.2.1　AI活动策划的基本知识

在新媒体时代，活动策划已经成为推动品牌传播、优化用户体验的关键环节，AI的融入则为活动策划领域带来了变革与机遇。下面将详细介绍AI活动策划的基本知识，进一步揭示AI与活动策划之间的紧密联系，阐述AI如何作为强大助力，优化策划流程、提升创意水平。

扫码看教学视频

1. 什么是活动策划

活动策划是指为了达成特定目标或效果，精心设计与规划的一系列行动方案的总和。图7-11所示为活动策划的步骤。

明确目标与定位	清晰界定活动的目的和预期效果；确定活动的目标受众人群，了解他们的兴趣、需求和偏好
创意构思与主题确定	根据目标与定位，提出创新的活动构思，确保活动具有吸引力和独特性；确定活动的主题和核心理念，作为贯穿整个活动的核心线索
制定详细的策划方案	规划活动的时间、地点、流程和内容等具体细节；设计活动的视觉形象、宣传材料和互动环节等，确保活动的整体呈现效果
准备物资和设备	根据活动内容和流程，准备必要的物资和设备，如道具、音响设备和餐点等；在活动前对场地进行布置，确保活动现场符合主题要求，营造良好的氛围
宣传和邀请参与者	通过各种渠道宣传活动，如社交媒体、邮件及口头邀请等，提高活动的知名度和参与度；根据活动目标，邀请合适的参与者，如客户、合作伙伴和员工等

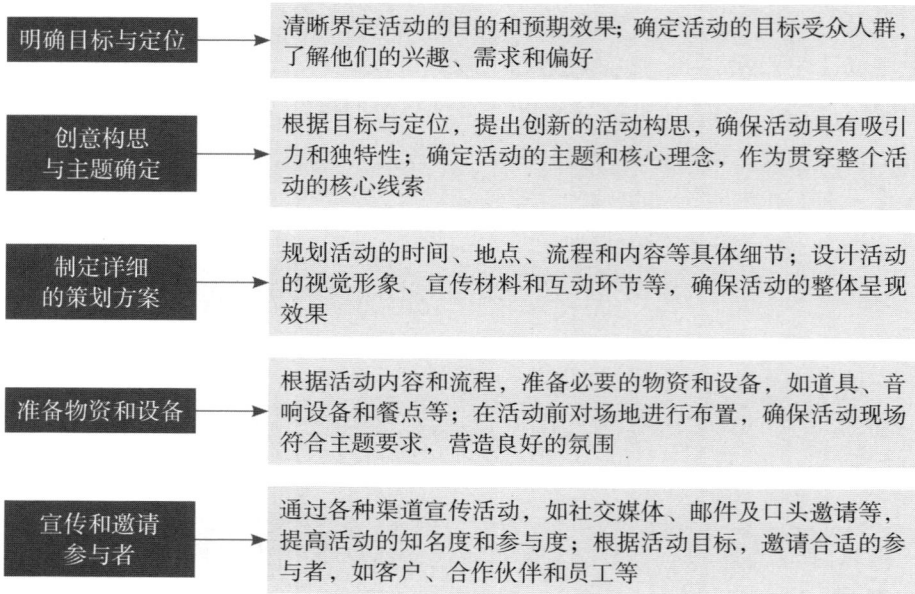

图 7-11　活动策划的步骤

2. AI与活动策划的关系和对其的帮助

活动策划作为营销和传播的重要环节，与AI的结合正日益紧密，AI技术以其独特的优势，为活动策划带来了崭新的变革与提升。下面将详细介绍AI与活动策划的关系，以及AI如何为活动策划提供有力帮助。

（1）AI与活动策划的紧密联系

AI与活动策划有着密不可分的联系，以下从3个方面进行说明。

① 智能化策划流程：AI技术的引入，使得活动策划的各个环节实现了智能化。从需求分析、方案制定、资源整合到执行监控，AI都能发挥重要作用。通过大数据分析，AI能够精准把握目标受众的需求和喜好，为活动策划提供科学依据。同时，AI还能自动生成创意文案、设计海报等，如图7-12所示，这极大地提高了活动策划效率。

② 个性化体验升级：AI技术的应用，使得活动策划更加注重参与者的个性化体验。通过智能推荐系统，AI能够根据参与者的兴趣和需求，为他们提供定制化的活动内容和服务。

③ 实时互动与反馈：AI技术还使得活动策划中的互动环节更加实时和高效。通过智能问答、语音识别等技术，AI可以实时解答参与者的疑问，提供个性化的帮助。图7-13所示为AI语音识别系统的效果呈现。

图 7-12　AI 生成的设计海报

图 7-13　AI 语音识别系统的效果呈现

（2）AI对活动策划的帮助

AI不仅可以提高活动策划的效率，还可以精准定位目标受众，进行智能化运营与管理，这对活动策划起到了极大的帮助，具体如下。

① 提高策划效率：AI技术的自动化和智能化特性，使得活动策划的各个环节更加高效。例如，AI可以自动生成任务流程图、场地选择方案及日程安排等，减轻了策划者的工作负担。图7-14所示为AI生成的流程图示例。

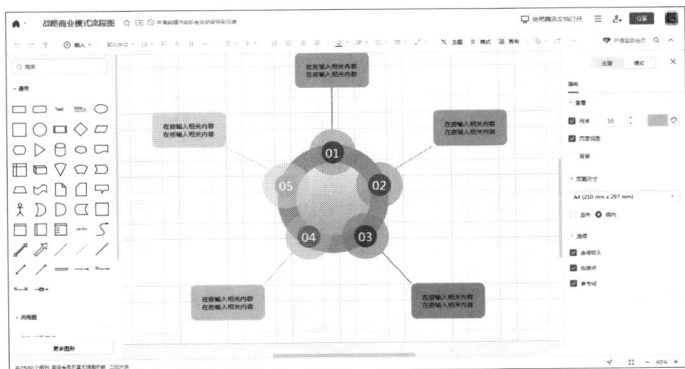

图 7-14　AI 生成的流程图示例

② 精准定位目标受众：通过大数据分析，AI能够精准把握目标受众的特征和需求，这为活动策划者提供了重要的参考依据，使他们能够制定出更加符合目标受众口味的活动方案。例如，在营销活动中，AI可以分析潜在客户的兴趣爱好、购买行为等数据，为活动策划者提供精准的市场定位和营销策略。

③ 智能化管理与运营：AI技术的应用还使得活动策划的管理和运营更加智能化。通过智能监控系统、人脸识别技术等手段，AI可以对活动场地进行智能化管理，确保活动的顺利进行。同时，AI还能实现自动化注册、登录和签到等功能，提升活动的管理效率。

7.2.2 AI在活动预测分析中的应用

扫码看教学视频

在追求精准营销与高效执行的今天，AI以其强大的数据处理与分析能力，为活动需求预测提供了全新的可能性。

下面将多维度介绍AI在活动需求预测中的多元化应用场景，全面展现AI如何赋能活动策划，助力策划者精准把握市场动态，深度理解用户需求，从而设计出更加贴合市场、吸引目标受众的活动方案。

1. 趋势预测与市场分析

在活动策划的初期阶段，准确把握市场趋势和行业动态是制定成功策略的关键。AI通过大数据分析技术，能够整合海量市场信息，包括历史数据、社交媒体反馈和消费者行为等多维度数据。运用机器学习算法进行深度挖掘与分析，这不仅能帮助策划者预见市场的潜在变化，还能识别出新兴的市场趋势，为活动主题、内容的策划提供有力的数据支持。

2. 受众细分与偏好分析

受众是活动成功的核心因素之一，AI通过自然语言处理、图像识别等先进技术，能够深入解析受众的基本信息、兴趣偏好和消费习惯等多维度特征，实现对受众的精准细分，相关示例如图7-15所示。

图 7-15 用 AI 解析受众多维度特征的相关示例

在此基础上，AI还能进一步分析各细分群体的需求差异，为策划者提供定制化的活动方案建议。例如，对于一场线上新媒体平台的音乐会活动，AI可以分析不同年龄段、性别和地域的听众对音乐类型的偏好，从而推荐合适的演出阵容和曲目安排，以最大程度地吸引目标受众。

3. 服务优化与产品分析

活动过程中的服务质量和产品体验直接影响着参与者的满意度和口碑传播。AI通过实时监测和数据分析，能够及时发现服务中的不足之处，并提出改进建议。同时，AI还能对活动中使用的产品（如纪念品、餐饮服务）进行效果评估，分析消费者的购买意愿和满意度，为产品迭代和优化提供数据支撑。

7.2.3　AI在活动需求分析中的应用

对新媒体领域的活动策划来说，AI正逐步成为引领创新与效率提升的关键力量。活动需求分析是确保活动成功的基石，它涵盖了

扫码看教学视频

从活动构思到执行的全过程，要求策划者具备敏锐的市场洞察力、精准的受众分析能力，以及高效的资源调配策略，AI技术的融入，为这一复杂的过程注入了前所未有的智能与灵活性。

下面通过介绍活动类型与主题策划、活动日程与流程优化、目标受众定位与细分、资源配置与预算管理等关键环节，揭示AI如何助力活动策划者更加精准地把握活动需求，优化活动方案，确保活动的顺利进行与取得圆满成功。

1. 活动类型与主题策划

活动类型与主题策划是活动成功的第一步，AI通过分析历史活动数据、市场趋势及受众偏好，能够智能推荐适合的活动类型和主题，定制化设计活动，确保活动内容与受众需求高度契合，从而激发受众的参与热情与共鸣。图7-16所示为AI定制化活动示例。

AI还具有精准迅捷的运算能力，通过对海量数据的分析，AI能够揭示出活动成功的关键因素，如哪些类型的活动更受欢迎，哪些主题能够引发广泛共鸣，这种基于数据的洞察，为活动策划者提供了科学的决策依据，帮助他们避免盲目跟风，确保活动类型与主题的独特性和创新性。

图 7-16　AI 定制化活动示例

同时，AI还可以紧密关注市场动态与趋势，实时捕捉社会热点与行业风向标。借助自然语言处理、情感分析等先进技术，AI能够精准识别出当前流行的文化元素、社会议题及行业前沿动态。

2. 活动日程与流程优化

活动日程与流程优化是确保活动从筹备到执行全过程顺畅无阻的核心环节。在这一复杂而精细的过程中，AI以其强大的数据处理、模拟预测及实时响应能力，发挥着不可或缺的作用。

AI能够全面而深入地分析活动规模、场地条件和人员安排等多种关键因素，这是制定合理日程与流程的基础。通过集成先进的数据分析算法，AI能够精确计算各项活动所需的时间、空间及人力资源，确保资源分配的合理性与高效性。在此基础上，AI利用复杂的优化算法自动生成最优化的日程安排和流程设计，最大限度地减少时间浪费与资源冲突。

为了进一步确保活动流程的顺畅进行，AI还具备强大的模拟预测能力。通过构建虚拟的活动执行环境，AI能够模拟不同场景下的活动执行情况，包括人员流动、设备使用和场地布局等多个方面。图7-17所示为AI构建的虚拟实验环境。

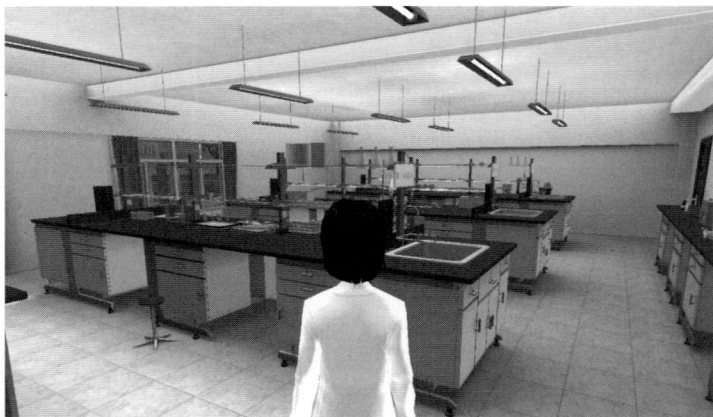

图 7-17　AI 构建的虚拟实验环境

在模拟过程中，AI能够识别并预测潜在的冲突和瓶颈，如人员拥挤、设备故障或场地不足等问题。基于这些预测结果，AI能够提前制定应对措施，有效避免实际执行过程中的突发状况，确保活动的顺利进行。

除了事前预测与规划，AI还能在活动执行过程中实时监控活动进度。通过集成物联网、传感器等先进技术，AI能够实时收集活动现场的各项数据，如人员到场情况、设备运行状态和场地使用情况等。

3. 目标受众定位与细分

精准的目标受众定位与细分，作为活动策划与执行的基石，其重要性不言而喻。在竞争日益激烈的市场环境中，准确识别并锁定最具价值的潜在参与者，对于活动的成功至关重要。AI技术，特别是其强大的大数据分析能力，为这一过程带来了革命性的变革。

AI通过强大的数据收集与处理能力，能够深入剖析目标群体的多维度特征。这些特征包括但不限于受众的基本信息（如年龄、性别、地域和职业等）、兴趣偏好（如娱乐、科技和时尚等兴趣领域）、消费习惯（购买频率、品牌忠诚度和消费能力等），以及在线行为模式（浏览记录、互动偏好和社交媒体活跃度等）。

4. 资源配置与预算管理

AI以其卓越的数据处理与分析能力，成为资源配置的得力助手。在活动策划初期，AI能够自动收集并整合活动所需的各种资源信息，包括但不限于人力资源的专长与可用性、物质资源的种类与数量，以及财务资源的预算额度等。

随后，AI运用先进的智能算法，对这些复杂的数据进行深度挖掘与分析，精准识别各项资源之间的关联性与互补性。同时，AI还能实时监控预算执行情况，通过对比分析预算计划与实际支出的差异，及时发现潜在的超支风险。

本章小结

本章首先介绍了活动策划中常用的5款AI工具，包括通义、秘塔AI、讯飞星火、橙篇和智谱清言，详细阐述了它们的界面设计与核心功能；接着介绍了AI活动策划的基本知识，为读者了解AI如何参与活动策划奠定了基础；最后介绍了AI在活动预测分析和需求分析中的应用场景，展示了AI在活动策划中的重要作用与价值。

课后习题

鉴于本章知识的重要性，为了帮助读者更好地掌握所学知识，本节将通过课后习题，帮助读者进行简单的知识回顾和补充。

1. 活动策划的定义是什么？
2. 简要说明AI在活动需求分析中的应用场景。

第 **8** 章

活动策划的日程、场景与营销

在新媒体时代背景下，活动策划的复杂性日益提升，对日程安排、场景布置及营销宣传的要求也越来越高。AI技术的引入，为活动策划带来了全新的解决方案。本章将深入探讨AI如何赋能新媒体活动策划的各个环节，从日程安排的精准规划，到场景布置的智能优化，再到营销宣传的高效推广，全面提升新媒体活动策划的效率与效果。

8.1 AI 赋能活动策划的日程安排

在快节奏的现代生活中，新媒体活动策划的日程安排成了一项复杂而精细的任务。传统的日程规划往往依赖人工经验与直觉，难以应对大规模、多变量的活动策划需求。然而，随着AI技术的不断进步，这一难题得到了有效解决。本节将深入探讨AI在日程安排中的应用，展示其如何助力运营者提升日程规划的精确性与灵活性，从而确保新媒体活动的顺利进行与圆满成功。

8.1.1 了解新媒体活动策划的日程安排

新媒体活动策划的日程安排是指为了确保新媒体活动能够有序、高效地进行，而对活动的筹备、执行、收尾等各个阶段进行的时间规划和任务分配。新媒体活动策划的日程安排通常包括以下几个关键阶段，如图8-1所示。

扫码看教学视频

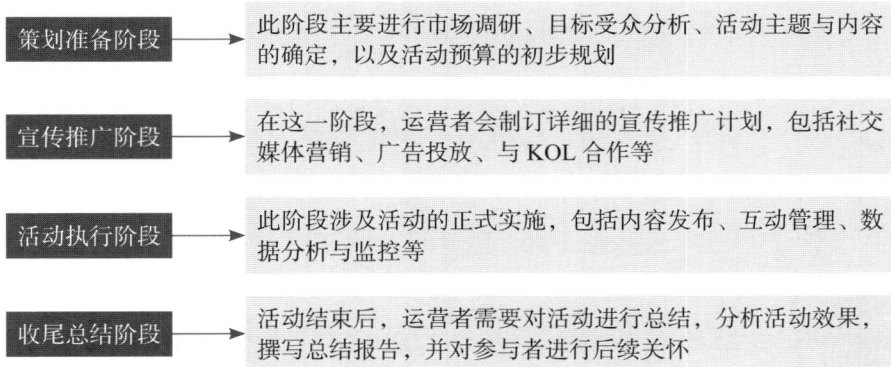

策划准备阶段	→	此阶段主要进行市场调研、目标受众分析、活动主题与内容的确定，以及活动预算的初步规划
宣传推广阶段	→	在这一阶段，运营者会制订详细的宣传推广计划，包括社交媒体营销、广告投放、与 KOL 合作等
活动执行阶段	→	此阶段涉及活动的正式实施，包括内容发布、互动管理、数据分析与监控等
收尾总结阶段	→	活动结束后，运营者需要对活动进行总结，分析活动效果，撰写总结报告，并对参与者进行后续关怀

图 8-1 新媒体活动策划的日程安排

新媒体活动策划的日程安排，是确保活动从筹备到执行再到收尾每个阶段都能有条不紊进行的关键。它如同一幅蓝图，指导着活动策划者如何合理分配时间、资源和人力，使活动的传播效果和影响力最大化。明确日程安排，不仅有助于运营者保持清晰的思路，还能让团队成员明确各自的任务和时间节点，从而协同合作，共同推动活动的成功。

制定新媒体活动策划的日程安排，并非简单的任务罗列和时间分配，而是一项需要细致规划、灵活调整的系统工程。制定新媒体活动策划的日程安排时，可以遵循以下步骤。

（1）明确活动目标：首先，需要明确活动的目标，如提升品牌知名度及用户参与度等。

（2）分析目标受众：了解目标受众的需求、兴趣和行为习惯，以便制定更具针对性的活动策略。

（3）制订活动计划：根据活动目标和目标受众，制订详细的活动计划，包括活动内容、形式、时间、地点等。

（4）安排时间表：为活动的各个阶段制定时间表，明确每个阶段的任务和时间节点。

（5）分配任务与资源：根据时间表，将任务分配给团队成员，并确保所需资源充足。

（6）监控与调整：在活动执行过程中，密切关注活动进展，根据实际情况及时调整策略。

☆ 专 家 提 醒 ☆

在制定新媒体活动策划的日程安排时，需要注意以下几点。

（1）灵活性：由于新媒体环境的变化迅速，运营者需要保持高度的灵活性，以便应对可能出现的变化和挑战。

（2）沟通协作：加强团队成员之间的沟通与合作，确保信息的及时传递和任务的顺利执行。

（3）数据分析：充分利用数据分析工具，对活动效果进行实时监测和评估，以便及时调整策略。

（4）用户参与：积极回应用户反馈，鼓励用户参与活动，提升用户体验和满意度。

（5）合规性：确保活动内容和形式符合相关法律法规和平台规定，避免法律风险。

8.1.2 用AI生成新媒体活动日程安排表

在数字化时代，新媒体活动已成为推广品牌、与用户互动的重要渠道。然而，如何高效、精准地规划新媒体活动的日程安排，成为许多策划者面临的难题。近年来，随着人工智能技术的飞速发展，AI在新媒体活动策划中的应用日益广泛。通过AI技术，运营者可以自动生成合理、高效的新媒体活动日程安排表，从而大大提高活动策划的效率和合理性。

扫码看教学视频

例如，某个游乐场准备在朋友圈举办一场积赞活动，可以用AI生成日程安排表，具体内容如表8-1所示。

表8-1　AI生成的活动日程安排表示例

序号	日期	时间	任务内容	负责人	备注
1	2025-01-01	全天	活动方案的策划与审批	市场部	确定活动主题和规则
2	2025-01-02	09：00—11：00	活动文案的撰写与设计	宣传部	包括海报和文案
3	2025-01-03	14：00—16：00	活动页面的开发与测试	IT部	确保页面无误
4	2025-01-04	09：00—11：00	活动奖品采购	采购部	确保奖品质量
5	2025-01-05	14：00—16：00	活动规则与流程最终确认	市场部	法律审核
6	2025-01-06	09：00—11：00	活动预热宣传	宣传部	社交媒体预告
7	2025-01-07	14：00—16：00	员工培训与活动流程演练	人力资源部	确保员工熟悉活动流程
8	2025-01-08	09：00—11：00	活动正式启动	全体	发布活动信息
9	2025-01-09	全天	活动进行中，监控与调整	市场部	根据反馈调整活动
10	2025-01-10	14：00—16：00	活动中期宣传	宣传部	增加参与度
11	2025-01-11	09：00—11：00	活动数据收集与分析	数据分析部	收集用户反馈
12	2025-01-12	14：00—16：00	活动问题解答与用户互动	客服部	提高用户满意度
13	2025-01-13	09：00—11：00	获奖者名单统计与核实	市场部	确保公平公正
14	2025-01-14	14：00—16：00	奖品发放准备	采购部	准备奖品发放
15	2025-01-15	09：00—11：00	获奖者通知与奖品发放	客服部	确保奖品及时送达
16	2025-01-16	14：00—16：00	活动效果评估与总结	市场部	总结经验教训
17	2025-01-17	09：00—11：00	活动后续宣传与用户反馈收集	宣传部	增强品牌印象
18	2025-01-18	14：00—16：00	活动资料归档与财务结算	行政部	归档活动资料
19	2025-01-19	全天	活动总结会议	全体	分享成功经验
20	2025-01-20	09：00—11：00	后续内容规划与下一次活动准备	市场部	规划未来活动

　　利用AI生成新媒体活动日程安排表，首先需要收集并分析活动目标、受众特征、市场环境等关键信息。然后基于这些信息，AI可以通过机器学习算法预测最佳的活动时间、内容形式和推广策略。在生成日程安排表时，AI还会综合考虑资源分配、团队协作等因素，确保活动的顺利进行。运营者只需输入相关参数和需求，AI即可自动生成一份详细、可行的日程安排表，大大节省了策划者的时间和精力。

8.1.3 用AI自动分配新媒体活动的任务

在策划与执行新媒体活动的过程中，合理、高效的任务分配是确保活动成功的关键。然而，随着活动规模的扩大和复杂性的增加，传统的人工分配方式已难以满足高效、精准的需求。

近年来，AI技术的快速发展为新媒体活动任务分配带来了新的解决方案。AI能够基于活动目标、参与人员能力、资源状况等多维度信息，自动分配任务至最合适的团队成员，从而大大提高任务分配的效率和合理性。

利用AI自动分配新媒体活动日程安排的任务，首先需要收集并分析与活动相关的详细信息，包括活动目标、参与人员、资源需求等。然后基于这些信息，AI算法会综合考虑人员的专业技能、历史表现、时间可用性等因素，为每个任务找到最合适的执行者。

在分配过程中，AI还会根据任务的紧急程度和重要性进行优先级排序，确保关键任务得到优先处理。此外，AI系统还能实时监控任务进度，及时调整分配方案，以应对可能出现的突发情况。

例如，某时尚品牌计划在一周内通过多个社交媒体平台（如微博、微信、抖音）发布一系列新品推广内容，AI分配任务的过程如图8-2所示。

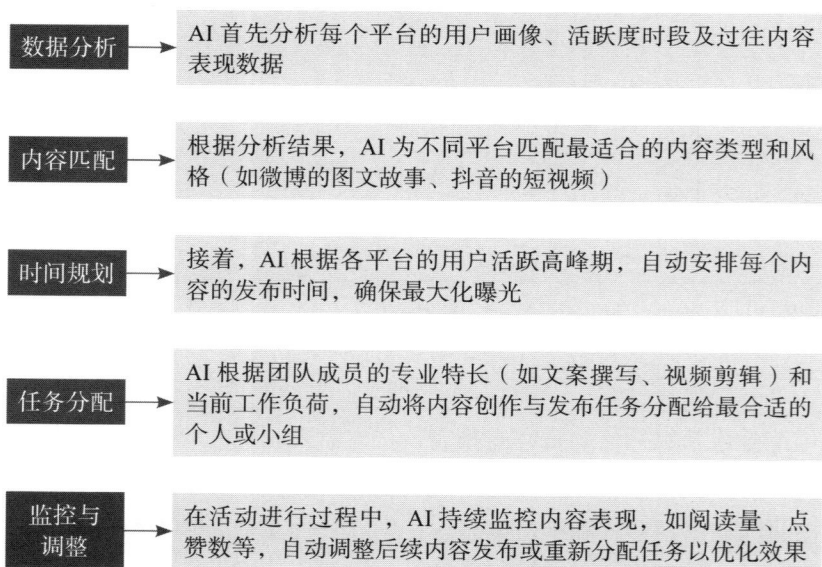

数据分析	AI首先分析每个平台的用户画像、活跃度时段及过往内容表现数据
内容匹配	根据分析结果，AI为不同平台匹配最适合的内容类型和风格（如微博的图文故事、抖音的短视频）
时间规划	接着，AI根据各平台的用户活跃高峰期，自动安排每个内容的发布时间，确保最大化曝光
任务分配	AI根据团队成员的专业特长（如文案撰写、视频剪辑）和当前工作负荷，自动将内容创作与发布任务分配给最合适的个人或小组
监控与调整	在活动进行过程中，AI持续监控内容表现，如阅读量、点赞数等，自动调整后续内容发布或重新分配任务以优化效果

图8-2　AI分配任务的过程

8.2　AI 赋能活动策划的场景布置

在新媒体活动策划领域，场景布置不仅是视觉呈现的关键，更是连接内容与受众情感的桥梁。随着AI技术的不断成熟，其在场景布置中的应用日益广泛，为运营者提供了前所未有的创意空间和执行效率。AI通过智能设计、数据分析与个性化定制，正逐步重塑新媒体活动的场景布置，让每一次活动都成为人们一次独特的视觉与情感体验。

8.2.1　活动场地选择的关键因素

扫码看教学视频

在精心筹备各类活动的过程中，活动场地的选择无疑扮演着至关重要的角色，它不仅关乎活动的整体氛围与效果，还直接影响到参与者的体验与活动的成功与否。因此，下面将重点介绍这一关键议题，帮助大家掌握一套系统而有效的活动场地选择策略，确保每一次活动的成功举办。

策划任何活动，首要且核心的任务之一便是进行场地需求分析与匹配，这一过程是确保活动顺利进行、达到预期效果的关键前提。场地需求分析涉及对活动性质、规模、主题、目标受众及特殊需求等多方面的综合考虑。

首先，活动性质决定了场地的基本类型，如会议、展览、演出及庆典等，不同类型的活动对场地的功能布局、设施设备有着截然不同的要求。

例如，会议活动可能需要配备先进的音响系统、投影设备及舒适的座椅布局，如图8-3所示；而演出活动则更注重舞台效果、灯光和音响的专业性，以及观众席的视线设计，如图8-4所示。

其次，活动规模直接关联到场地的大小与容纳能力。通过预估参与人数，可以初步确定所需场地的面积、座位数或展位数量，从而筛选出符合要求的候选场地。同时，还需考虑活动期间的人流密度、动线规划及紧急疏散等安全问题。

图 8-3　会议活动的功能布局及设施设备

图 8-4　演出活动的功能布局及设施设备

再次，活动主题与目标受众也是不可忽视的因素。主题鲜明的活动往往需要场地在装饰风格、氛围营造上与之相呼应；而目标受众的喜好、习惯则会影响到场地地理位置的选择、交通便利性等方面的考量。

最后，对特殊需求的分析同样重要。这包括但不限于无障碍设施、餐饮服务、安全保卫，以及技术支持等方面的特殊要求。确保场地能够满足这些特殊需求，是提升活动品质、保障参与者权益的重要一环。

在完成场地需求分析后，接下来便是进行场地匹配。这一过程需要将候选场地的各项条件与活动需求进行逐一比对，综合考虑成本效益、可行性等因素，最终选择出最符合活动需求的场地。通过科学合理的场地需求分析与匹配，可以为活动的成功举办奠定坚实的基础。

8.2.2　用AI实现活动场景的智能设计

在新媒体活动策划中，场景设计是吸引观众注意力、营造活动氛围的关键环节。传统的设计方式往往依赖设计师的创意和经验，而人工智能的引入，则为活动场景设计带来了极大的便利。

扫码看教学视频

AI通过深度学习、图像识别等技术，能够自动生成符合活动主题、受众偏好及品牌调性的场景设计方案，极大地提高了设计效率与个性化水平。

利用AI实现活动场景的智能设计，首先，需要明确活动主题、目标受众、品牌调性等关键信息，作为AI设计的基础。其次，根据设计需求，选择合适的AI工具进行场景设计。例如，对于色彩和图案的生成，可以选择生成式AI；对于图像识别和分析，可以利用深度学习框架。再次，将设计需求转化为AI可识别的参数，如关键词、风格代码等，输入到AI工具中。AI工具会根据输入参数，自动生成多种设计方案供选择，如图8-5所示，活动运营者可以根据实际情况进行调整和优化。最后，将最终确定的设计方案应用于活动场景中，并通过观众反馈和数据分析，不断优化设计效果。

图 8-5　AI 设计的音乐节场景示例（多种方案）

下面是一些AI活动场景设计的示例。

（1）音乐节场景设计：活动运营者可以利用AI分析音乐节受众的偏好和趋势，自动生成符合主题的色彩搭配、图案纹理和舞台背景，营造独特的音乐氛围，如图8-6所示。

图 8-6　AI 设计的音乐节场景示例

（2）企业年会场景布置：活动运营者可以利用AI根据企业文化和年会主题，自动生成符合品牌调性的装饰元素和布局方案，提升年会的专业性和趣味性。

（3）产品发布会场景设计：活动运营者可以利用AI分析产品特点和目标受众，自动生成与产品相匹配的展示区域、互动环节和灯光效果，增强产品发布会的吸引力和感染力,如图8-7所示。

图 8-7　AI 设计的产品发布会场景示例

(4)线上直播场景布置:活动运营者可以AI根据直播内容和受众偏好,自动生成虚拟背景、特效动画和互动元素,提升线上直播的观看体验和互动性。

(5)教育研讨会场景设计:活动运营者可以AI根据研讨会的主题和参会者需求,自动生成符合教育氛围的装饰风格、座位布局和互动设施,营造积极的学习氛围和交流空间,如图8-8所示。

图 8-8　AI 设计的教育研讨会场景示例

这些场景示例展示了AI在活动场景智能设计中的广泛应用和巨大潜力，为活动运营者提供了更加高效、个性化的设计解决方案。

☆ 专家提醒 ☆

在实现活动场景智能设计的过程中，下面这些AI工具发挥着重要作用。

（1）生成式AI：如DeepArt、GANs（生成对抗网络）等，能够基于输入的主题或风格，自动生成与之匹配的设计元素，如色彩搭配、图案纹理等。

（2）图像识别与分析工具：如TensorFlow、PyTorch等深度学习框架，以及Cloudinary等图像处理服务，能够识别和分析大量图像数据，提取设计灵感。

（3）自动化设计软件：如Adobe Sensei、Canva的智能设计功能等，能够根据用户输入的需求和偏好，自动生成多种设计方案供选择。

（4）虚拟现实与增强现实技术：如Unity、Unreal Engine等游戏引擎，以及ARKit、ARCore等增强现实（Augmented Reality，AR）开发工具，能够创建沉浸式的活动场景，提升观众的参与感和体验。

8.3　AI赋能活动策划的营销宣传

在新媒体时代，营销宣传已成为活动成功举办不可或缺的一环。AI不仅能够精准定位目标受众，实现个性化推广，还能通过数据分析优化营销策略，提升宣传效果。本节将探讨AI如何赋能新媒体活动的营销宣传，以及其在提升活动影响力和用户参与度等方面的具体应用。

8.3.1　认识新媒体活动的营销宣传

新媒体活动的营销宣传是指借助新媒体平台，利用数字技术如大数据、人工智能等，对产品、服务或特定活动进行推广和宣传。

扫码看教学视频

它打破了传统媒体营销的时空限制，通过精准定位目标受众、个性化推广内容和实时数据分析，旨在提高品牌曝光度和用户参与度，并最终实现营销目标。

新媒体活动的营销宣传可以通过以下几个步骤进行。

（1）确定目标受众：首先，明确活动的目标受众是谁，他们的兴趣、需求和消费习惯是怎样的，这有助于制定更具针对性的营销策略。

（2）选择新媒体平台：根据目标受众的特点，选择最适合的新媒体平台进行宣传。例如，针对年轻人可以选择抖音、小红书等平台；针对专业人士可以选择微博、知乎、微信公众号等平台。图8-9所示为微信公众号平台上的活动示例。

图8-9　微信公众号平台上的活动示例

（3）制定营销策略：结合目标受众的特点和新媒体平台的特点，制定个性化的营销策略，这可能包括内容营销、短视频营销、直播带货、广告投放等多种形式。以内容营销为例，运营者可以用AI来生成优质的内容素材发布到新媒体平台，并根据数据反馈调整内容策略，确保内容能够持续吸引目标受众的关注，提高活动在新媒体平台上的知名度和影响力，相关示例如图8-10所示。

图8-10　新媒体内容营销示例

（4）制作营销内容：根据营销策略，制作高质量的营销内容。内容应具有吸引力、趣味性和价值性，能够引起目标受众的共鸣和关注，相关示例如图8-11所示。

图 8-11　营销内容的相关示例

（5）发布与互动：将营销内容发布到选定的新媒体平台上，并积极与目标受众进行互动。同时，通过回复评论、私信等方式，增强与受众的联系和信任。

（6）数据分析与优化：利用新媒体平台提供的数据分析工具，对营销活动的数据进行实时监测和分析，如图8-12所示。根据数据结果，运营者可以及时调整营销策略和内容，以优化宣传效果。

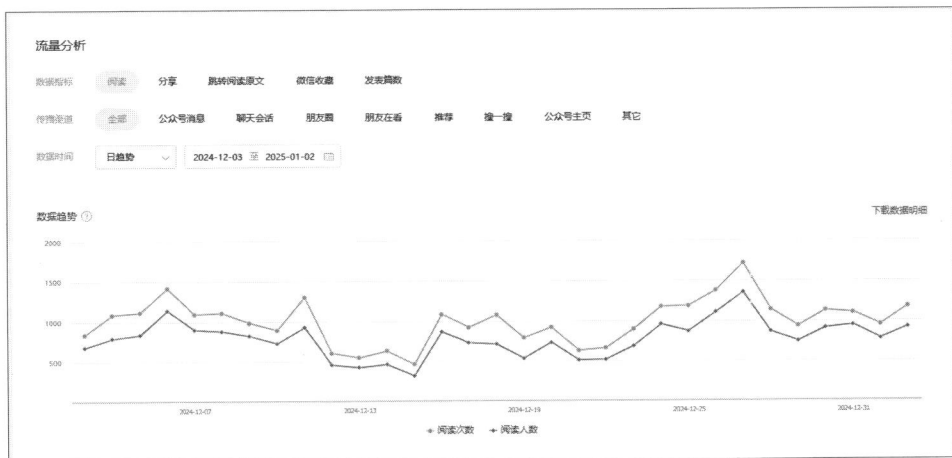

图 8-12　数据分析的相关示例

8.3.2　用AI制定个性化的活动营销策略

扫码看教学视频

在新媒体时代，个性化的活动营销策略是提升用户参与度和品牌影响力的关键。而人工智能为制定个性化营销策略提供了强大的技术支持。AI能够通过对大量数据的分析，精准识别用户的兴趣和需求，从而制定出更符合用户口味的活动营销策略。

下面以通义为例，用AI策划一个微博活动的营销策略。首先让AI策划具体的活动内容，这一步的主要目的是获得一个详细的、可执行的活动计划，包括活动的一系列关键要素，相关提示词和AI生成的内容如下。

💬 提示词

我要在微博平台做一个手机摄影照片征集活动，请你写出具体的活动方案。

📐 通义

在微博平台上进行手机摄影照片征集活动，是一个吸引用户参与、提升品牌曝光度和互动率的好方法。以下是为这个活动设计的具体方案。

活动名称

手机摄影发现美

活动目的

1. 提升品牌或产品在微博平台上的知名度。

2. 增强与用户的互动，建立更紧密的社区关系。

3. 收集高质量的用户生成内容，用于后续的品牌宣传。

4. 促进微博平台上的内容创作和分享。

活动时间

预热期：2025年1月10日—2025年1月15日

征集期：2025年1月16日—2025年2月15日

评选期：2025年2月16日—2025年2月20日

公布结果：2025年2月21日

活动规则

1. 参加者需关注活动官方微博账号，并转发活动启动微博。

2. 参赛作品必须是使用手机拍摄的照片，可以是风景、人物、生活点滴等任何主题。

……

用户可以根据实际情况对这个方案进行调整，确保活动符合微博平台的规定，以及品牌的定位和需求。

接下来让AI给这个活动做营销策划，旨在增强活动的宣传效果，通过一系列的营销策略来扩大活动的影响范围，提高用户的参与度和互动率，相关提示词和AI生成的内容如下。

提示词

请你作为一个专业的营销人员，给这个活动做一个具体的营销推广方案，增强活动的宣传效果

通义

为了确保"手机摄影发现美"活动能够达到最佳的宣传效果，我们需要制定一个详细的营销推广方案，涵盖前期预热、活动期间的持续推广，以及后期的效果跟踪。

以下是具体的营销推广策略。

一、市场调研与定位

1. 目标受众分析：确定主要受众群体（如年龄、性别、兴趣爱好等），以便更精准地投放广告和内容。

2. 竞争对手分析：研究其他类似的活动，找出差异化优势，为活动增添独特卖点。

二、预热期推广（1月10日—1月15日）

1. 社交媒体预告

　- 发布一系列带有悬念的预告片或图片，吸引用户关注。

　- 每天发布一条关于活动信息的小提示，逐步透露活动细节。

　- 利用微博故事功能，制作互动性强的短视频，介绍活动亮点。

2. 与KOL合作

　- 邀请知名摄影师、博主提前体验并分享他们对活动的看法。

　- KOL可以发布自己使用手机拍摄的照片，并鼓励粉丝参与。

3. 话题预热

　- 开启#手机摄影发现美#话题讨论，邀请用户分享他们认为最美的照片。

　- 举办小型线上问答或抽奖活动，提高话题热度。

三、活动期推广（1月16日—2月15日）

1. 官方账号运营：

   - 每天精选优秀作品进行展示，增强用户的参与感和荣誉感。

   - 定期发布活动进度更新、参赛技巧等内容，保持用户的关注度。

……

通过上述营销推广方案，我们可以有效提升#手机摄影发现美#活动的知名度和影响力，吸引更多用户参与，同时也为品牌赢得良好的社会声誉。记得在整个活动过程中，始终将用户体验放在首位，确保每个环节都能够带给用户惊喜和价值。

本章小结

本章首先介绍了AI赋能活动策划在日程安排方面的应用，包括了解新媒体活动策划的基本日程安排流程、如何利用AI技术生成高效的新媒体活动日程安排表，以及通过AI实现活动任务的自动分配，从而优化活动筹备过程，提高工作效率；然后介绍了AI在活动场景布置中的重要作用，详细探讨了活动场地选择的关键因素，并展示了AI如何助力实现活动场景的智能设计，以创造出更具吸引力和影响力的活动环境；最后介绍了AI在活动策划营销宣传方面的应用，不仅介绍了新媒体活动营销宣传的重要性，而且还深入探讨了如何利用AI技术制定个性化的活动营销策略，以精准定位目标受众，提升活动的知名度和参与度。

课后习题

鉴于本章知识的重要性，为了帮助读者更好地掌握所学知识，本节将通过课后习题，帮助读者进行简单的知识回顾和补充。

1. 如何用AI实现活动场景的智能设计？

2. 如何实现新媒体活动的营销宣传？

第**9**章

实战：用AI策划新媒体平台活动

  在当今的数字时代，新媒体正逐渐成为信息传播与内容创作的新选择。本章将深入探讨AI新媒体活动策划实战，首先从AI技术在新媒体领域的优势分析入手，展现其高效的内容创作与编辑、跨平台内容分发与优化的独特魅力；随后通过丰富的新媒体活动策划案例，涵盖公众号、头条号、抖音等多个热门平台，具体剖析如何运用AI技术助力图书宣传，引领读者步入AI新媒体活动策划的精彩世界。

9.1　新媒体活动类型与 AI 策划创新

AI技术的快速发展，为新媒体活动策划带来了前所未有的创新机遇。AI不仅能够精准地分析用户的行为，预测活动趋势，还能够智能生成创意方案，优化活动流程，极大地提升了策划的效率和效果。本节将深入探讨新媒体活动的常见类型及AI在策划中的创新应用，为新时代的活动策划提供有益参考。

9.1.1　新媒体活动的常见类型

新媒体活动的常见类型多种多样，这些活动类型各具特色，适用于不同的场景和目标受众。下面对新媒体活动的常见类型进行简单归纳。

1. 社交媒体活动

社交媒体活动是最常见的新媒体活动之一，主要通过微博、微信、QQ空间等社交网络平台进行。这类活动通常以文字、图片、视频、音频等多种形式呈现，旨在吸引用户的关注和参与。社交媒体活动的内容丰富多样，如话题讨论、投票评选、线上问答等，可以有效提升品牌或产品的知名度和影响力。

例如，下面是一个微信公众号的影展点评活动，参与者首先需要关注该微信公众号，进入活动专区了解影展详情及投稿要求，如图9-1所示。

图 9-1　微信公众号的影展点评活动说明

随后，参与者可以挑选自己心仪的照片作品，通过公众号内置的投稿功能上传作品，同时附上个人简介及联系方式以便后续联系。投稿后，活动主办方将对所有作品进行筛选与审核，优秀影评将有机会在公众号平台上展示，并有机会获得精美礼品或专业影评人的点评指导，如图9-2所示。这一活动不仅激发了公众对影视艺术的热爱，也促进了文化交流与分享。

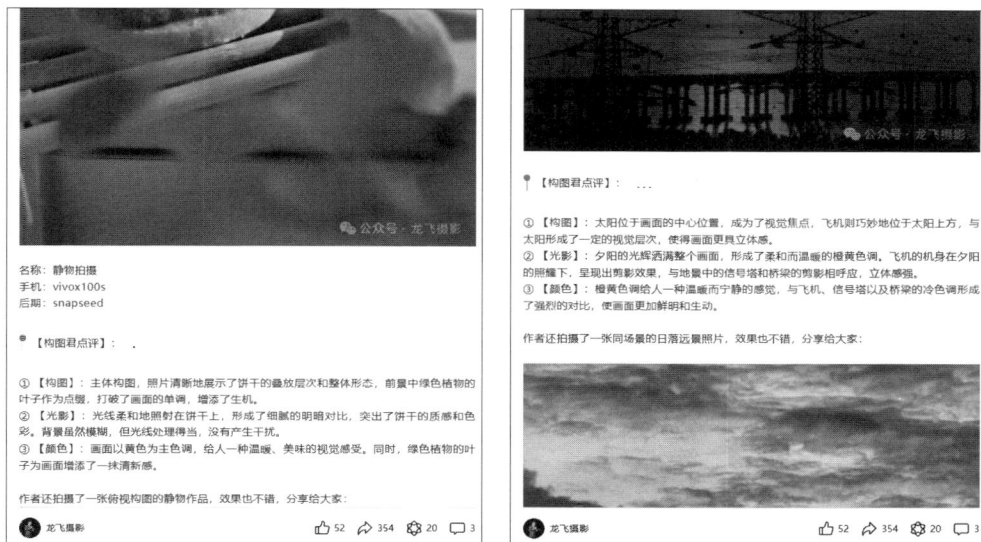

图 9-2　专业影评人的点评指导

2. 网络直播

网络直播是指通过网络平台实时传递现场活动的过程，如新闻发布会、演唱会、体育赛事等。与传统电视直播相比，网络直播具有更高的互动性和参与性。用户可以通过弹幕、评论等方式与主播和其他观众进行实时互动，增强了活动的参与感和趣味性。网络直播通常用于品牌推广、产品发布、娱乐互动等场景。

3. 短视频

短视频是指通过手机等移动设备拍摄和发布短片的，时长通常在几十秒到一分钟之间。短视频的内容包括搞笑、美食、旅游、美妆等，形式多样，内容丰富。短视频的传播速度快，互动性强，适合在社交媒体平台上发布和分享。同时，短视频还可以通过广告、赞助等形式获得收益，是一种具有商业价值的新媒体活动形式。

4. 图文类活动

图文类活动通常以图片+文字为主，载体类型为自媒体平台，典型的有微信公众号、头条号、小红书等平台。

图文类活动的特点是曝光率高、信息送达及时、用户忠诚度高，适合需要与用户深度互动和为用户提供服务的企业，如餐饮、教育、电商等。

5. 问答类活动

问答类活动以文字为主，采用一问一答的形式，载体为问答社区，如知乎、百度知道等平台。这类活动的特点是针对性较强、精准度高、权威、营销能力强。问答类活动适合各种类型的公司进行品牌推广、知识分享、市场调研等，尤其是需要展示专业形象和深度内容的企业。

6. 音频类活动

音频类活动以音频为主，主要出现在音频平台，如喜马拉雅、荔枝FM、蜻蜓FM等。这类活动的特点是伴随式且多场景适用，能够满足用户在不同场景下的听觉需求。音频类活动适合需要传递声音信息、打造品牌形象、提升用户黏性的企业。

9.1.2 AI在新媒体活动策划中的作用

扫码看教学视频

随着人工智能技术的飞速发展，AI正逐渐渗透到各行各业，新媒体活动策划也不例外。AI以其强大的数据处理能力、深度学习能力及自然语言处理技术，为新媒体活动策划带来了诸多便利。在新媒体活动策划中，AI可以发挥以下重要作用，如图9-3所示。

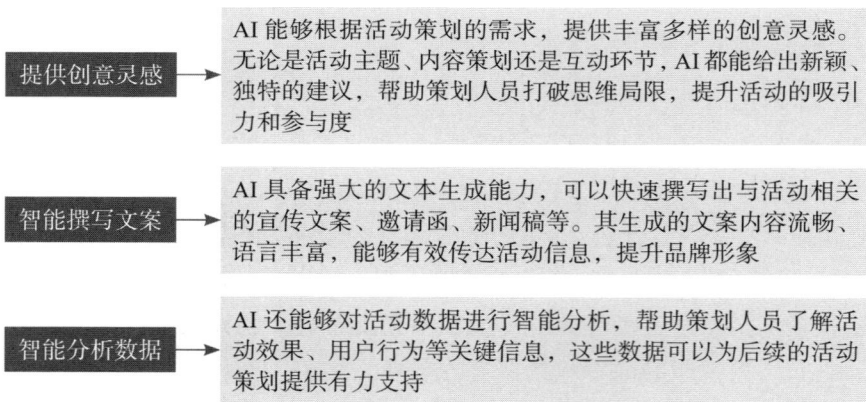

提供创意灵感	AI能够根据活动策划的需求，提供丰富多样的创意灵感。无论是活动主题、内容策划还是互动环节，AI都能给出新颖、独特的建议，帮助策划人员打破思维局限，提升活动的吸引力和参与度
智能撰写文案	AI具备强大的文本生成能力，可以快速撰写出与活动相关的宣传文案、邀请函、新闻稿等。其生成的文案内容流畅、语言丰富，能够有效传达活动信息，提升品牌形象
智能分析数据	AI还能够对活动数据进行智能分析，帮助策划人员了解活动效果、用户行为等关键信息，这些数据可以为后续的活动策划提供有力支持

图9-3 AI在新媒体活动策划中的作用

从活动创意的生成，到目标受众的精准定位，再到活动效果的实时监测与优化，AI都发挥着举足轻重的作用。AI不仅能够提高策划的效率和精准度，还能够挖掘出更深层次的用户需求和偏好，从而打造出更加个性化、互动性强的新媒体活动。

9.2 各类新媒体平台的 AI 活动策划

在当今这个多元化、碎片化的新媒体时代，各类新媒体平台如雨后春笋般涌现，为信息传播与互动提供了丰富的渠道与场景。AI技术的融入，更是为新媒体活动策划注入了新的活力与可能。从微信公众号到今日头条，从抖音短视频到小红书社交电商，从B站二次元到微博社群，再到知乎的专业分享与豆瓣的文化评论，每一个平台都拥有其独特的用户群体与内容生态。

在此背景下，本节将深入剖析各类新媒体平台的特性，并结合实战案例，为《AI短视频制作：可灵AI+剪映AI+即梦AI一本通》这本书量身定制一系列跨平台的活动策划方案。该书作为一本优质的AI短视频制作教程，详细阐述了3款国产、高效且易用的AI工具——可灵、剪映和即梦的使用方法，并随书附赠了长达110多分钟的同步教学视频，以及丰富的"素材+效果+提示词"等配套资源，旨在帮助读者快速掌握AI短视频制作的精髓，如图9-4所示。

图9-4 《AI 短视频制作：可灵 AI+ 剪映 AI+ 即梦 AI 一本通》

本节将通过一系列精心策划的活动，如新书预售活动、线上读书会、创意短视频挑战赛、限时折扣促销、签售会直播、社群互动讨论、心得分享会、书评创作大赛、内容揭秘预告及直播分享会等，全面展示AI技术在新媒体活动策划中的广泛应用与显著效果。

9.2.1　公众号新书预售活动策划

公众号作为新媒体平台，具有鲜明的特点。其内容形式丰富多样，包括图文、音频和视频等，能够满足不同用户的个性化需求。同时，公众号具有强大的交互性，用户可以通过留言、点赞和转发等方式与作者进行互动，形成紧密的社群关系。

另外，公众号还具备精准的目标定位能力，可以根据用户的兴趣和需求推送相关内容，提高信息的传播效率。更重要的是，公众号是私域流量的重要载体，运营者可以积累并沉淀粉丝资源，为未来的营销活动打下坚实基础。这些特点使得公众号成为新媒体时代的重要信息传播渠道。

在公众号平台做活动时，需要精准定位目标受众，结合数据分析了解用户偏好，设计新颖有趣的创意内容，并设置明确的互动环节以增强用户的参与感。同时，要确保活动宣传内容真实合法，利用后台数据跟踪活动效果，并根据反馈及时调整策略。活动结束后，应及时发布总结文章，感谢参与者并优化后续活动，以保持用户持续关注并提升活动效果和用户满意度。

下面以通义为例，给《AI短视频制作：可灵AI+剪映AI+即梦AI一本通》一书在公众号这个新媒体平台上开展一个新书预售活动，具体的提示词和AI策划的活动内容如下。

提示词

我要在公众号平台做一个新书预售活动，书名为《AI短视频制作：可灵AI+剪映AI+即梦AI一本通》，具体要求如下。

1. 活动目标：提高新书《AI短视频制作：可灵AI+剪映AI+即梦AI一本通》的预售量

2. 活动时间：2025年1月2日

3. 活动策略：包括优惠价格、赠品策略

4. 列出具体的活动流程

通义

公众号平台新书预售活动策划

1. 活动目标

提高新书《AI短视频制作：可灵AI+剪映AI+即梦AI一本通》的预售量，提高公众号的关注度和用户黏性。

2. 活动时间

2025年1月2日（活动启动日），预售期持续至正式上市前一周（假设为2025年1月31日）。

3. 活动策略

（1）优惠价格：

预售期间，新书售价定为正式上市价的85折，即享受15%的折扣优惠。

前100名下单的读者，将额外获得一张20元的优惠券，可用于下次购买书店其他商品。

（2）赠品策略：

所有预售订单均赠送《AI短视频制作实战指南》电子版一份，内容涵盖书中未涉及的进阶技巧和案例。

前50名下单的读者，还将获得作者亲笔签名版明信片一张，增加收藏价值。

预售期间，累计购买数量最多的前10名读者，将有机会获得与作者一对一交流的机会，并赠送一套AI短视频制作软件的高级教程。

4. 活动流程

活动预热阶段（2024年12月25日—2024年12月31日）：

在公众号发布新书预售倒计时文章，每天更新一篇，介绍书籍亮点、作者背景、预售优惠信息等。

设计并发布预售活动海报，通过朋友圈、微信群等社交平台进行传播。

与相关领域的关键意见领袖（Key Opinion Leader，KOL）或行业媒体合作，进行预热宣传。

活动启动阶段（2025年1月2日）：

……

活动进行阶段（2025年1月3日—2025年1月30日）：

……

活动结束阶段（2025年1月31日）：

……

通过以上活动流程，可以有效提升新书《AI短视频制作：可灵AI+剪映AI+即梦AI一本通》的预售量，同时提高公众号的关注度和用户黏性，为书籍的正式上市打下坚实的基础。

9.2.2　今日头条线上读书会活动策划

今日头条是一个基于个性化推荐算法的新媒体平台，以丰富的内容覆盖新闻、娱乐、科技、文化等多个领域，满足用户多样化的信息需求。平台通过智能算法精准推送个性化内容，设计简洁直观，用户互动性强，形成了活跃的社区氛围。同时，今日头条拥有庞大的用户数据和精准的广告投放系统，为广告主提供高效的营销解决方案，成为用户获取新闻资讯和广告投放的重要平台。

在今日头条平台上做活动时，需要精准定位目标受众，利用个性化推荐算法确保活动信息精准触达，提高用户的参与度和转化率；同时，设计富有创意和吸引力的内容，鼓励用户参与互动，形成病毒式传播，并确保内容与平台社区氛围相符。

另外，要严格遵守社区规则和法律法规，避免敏感话题和违规行为，充分把控风险并制定应对措施。最后，利用数据分析工具实时跟踪活动效果，根据反馈及时调整优化，以提升整体活动效果。要在今日头条平台上成功开展活动，需要精准定位、创意互动、合规把控和数据分析等多方面的努力。

下面以秘塔AI为例，给《AI短视频制作：可灵AI+剪映AI+即梦AI一本通》一书在今日头条这个新媒体平台上开展一个线上读书会活动，具体的提示词和AI策划的活动内容如下。

提示词

我要在今日头条平台做一个线上读书会活动，书名为《AI短视频制作：可灵AI+剪映AI+即梦AI一本通》，具体要求如下。

1. 活动筹备与宣传预热：包括设计活动海报与文案、建立活动专属页面

2. 报名与参与方式

3. 活动实施：包括开场介绍、书籍分享、互动问答

4. 说明活动总结与反馈

秘塔AI搜索

今日头条平台线上读书会活动策划
1. 活动筹备与宣传预热
设计活动海报与文案，明确时间、主题、内容、承诺、价格和奖励机制。
建立活动专属页面，利用社交平台进行宣传，如微信、微博、QQ群和豆瓣小组。

2. 报名与参与方式

简化注册流程，提供多种参与渠道，方便不同需求的受众。

提供便利的参与方式，确保目标受众能够轻松加入活动。

3. 活动实施

开场介绍：由领读人主持，介绍活动主题和流程。

书籍分享：邀请嘉宾或榜样学员分享书籍内容和相关经验。

互动问答：设置问答环节，鼓励参与者提问并实时互动。

4. 说明活动总结与反馈

活动结束后，通过在线问卷收集参与者的反馈，以改进未来的分享会。

整理精华语录和参与者感悟，发表在平台上供书友们关注和转发。

9.2.3　抖音创意短视频挑战赛活动策划

扫码看教学视频

抖音平台以短视频为核心，通过丰富的创作工具和智能推荐算法，为用户提供了个性化的内容体验。抖音平台上的短视频形式简短、节奏明快，易于吸引年轻用户的注意力，同时，平台提供的音乐、滤镜和特效等编辑工具，降低了视频制作门槛，激发了用户的创作热情。

抖音的智能推荐算法能够精准捕捉用户的兴趣，实现内容的个性化推送，使用户能够轻松发现自己感兴趣的视频。另外，抖音还具备强大的社交互动功能，用户可以通过点赞、评论和转发等方式与创作者和其他用户进行互动，增强了平台的社交属性。这些特点共同构成了抖音平台的独特魅力，使其迅速成为当下最受欢迎的短视频平台之一。

在抖音这个新媒体平台上做活动时，需要明确活动定位，确保其符合平台的特点和用户偏好，同时注重内容创意，设置有趣且吸引人的挑战、话题或互动环节，并确保活动规则清晰明确、公平合理。通过短视频、直播和话题标签等多种方式充分利用抖音的传播优势进行宣传推广，邀请网红、达人或明星参与，提升活动的曝光度和影响力。鼓励用户积极参与，及时回应用户反馈，活动结束后进行深入的数据分析，总结经验，为未来的活动策划提供参考，不断优化活动流程，提升用户体验。

下面以讯飞星火为例，给《AI短视频制作：可灵AI+剪映AI+即梦AI一本通》一书在抖音这个新媒体平台上开展一个新书创意短视频挑战赛活动，具体的提示词和AI策划的活动内容如下。

提示词

我要在抖音平台做一个新书创意短视频挑战赛活动，书名为《AI短视频制作：可灵AI+剪映AI+即梦AI一本通》，具体要求如下。

1. 确定活动目标与规则

2. 活动发布与启动：包括邀请KOL/网红助力、创建活动话题与挑战标签

3. 用户参与与互动

4. 列出活动总结与宣传方式

讯飞星火

抖音平台新书创意短视频挑战赛活动策划

1. 确定活动目标与规则

（1）活动目标

提升书籍知名度：通过创意短视频挑战赛吸引更多用户关注和讨论这本书。

增加销量：通过活动引导观众购买书籍。

提高用户参与度：鼓励用户创作并分享自己的短视频作品，提高互动性和传播力。

（2）活动规则

主题：围绕书中的内容（如AI短视频制作技巧、案例分析等）创作短视频。

时间限制：设定一个合理的时间段（如两周），让用户有足够的时间准备和提交作品。

视频要求：每个视频长度不超过60秒，必须包含至少一个与书中讲述的内容相关的元素或技巧展示。

参与方式：用户需使用指定的话题标签#AI短视频挑战#发布视频，并@官方账号。

评选标准：根据点赞数、评论量及内容的创新性和实用性进行综合评分。

2. 活动发布与启动

（1）邀请KOL/网红助力

选择合作伙伴：挑选几位在短视频领域有影响力的KOL或网红作为活动的代言人。

合作形式：他们可以通过直播介绍活动详情、示范如何制作相关视频等方式来吸引粉丝参与。

奖励机制：为这些KOL提供书籍或其他形式的回报，以激励他们积极参与和

支持活动。

（2）创建活动话题与挑战标签

话题名称：#AI短视频挑战#

挑战描述：简单明了地说明活动目的、参与方法及奖励设置等信息。

官方账号互动：定期更新动态，回复参与者的问题，保持社区活跃度。

3. 用户参与与互动

激励机制：设立奖项（如最佳创意奖、最受欢迎奖等），给予获奖者书籍或其他相关礼品作为奖励。

社群建设：建立专门的微信群或者QQ群，方便参赛者交流心得体验，同时也便于组织方收集反馈意见。

持续跟进：在整个活动期间密切关注用户的反馈，适时调整策略以提高参与热情。

4. 活动总结与宣传方式

……

9.2.4 小红书新书限时折扣活动策划

扫码看教学视频

小红书平台以年轻时尚、生活分享的调性为核心，吸引了大量追求品质生活的年轻用户，特别是女性群体。小红书的内容以图文结合为主，辅以短视频和直播，用户通过发布和浏览购物心得、生活感悟等内容，形成了独特的社区氛围。

小红书的搜索场景和KOL合作策略，使得品牌能够精准触达目标用户，有效地影响消费者的消费决策。同时，平台注重真实分享，鼓励用户生成高质量的内容，为创作者提供了持续曝光的机会。另外，小红书的"社区+电商"模式，将内容创作与电商购物紧密结合，为用户提供了从种草到购买的完整消费体验。这些特点共同构成了小红书平台的独特魅力，使其成为品牌营销和用户互动的重要阵地。

在小红书这个新媒体平台上做活动时，需要深入了解其年轻、时尚、女性为主的用户群体及平台内容趋势，明确目标受众，策划具有创新性和独特性的活动，结合热点话题或小众兴趣点，采用新颖的形式，如线上挑战、互动游戏等，同时打造吸引人的标题和封面。

在活动执行中，应注重用户体验与互动，合理利用小红书的推广工具和KOL资源，扩大活动影响力。活动结束后，及时分析数据，了解活动效果和用户反馈，以便优化改进。同时，持续学习小红书平台的规则和用户需求变化，不断改进活动策划策略。通过精心策划和执行，可以在小红书平台上有效地吸引用户关注，提高品牌知名度和影响力，实现营销目标。在这个过程中，创新、互动和数据分析是关键要素。

下面以橙篇为例，给《AI短视频制作：可灵AI+剪映AI+即梦AI一本通》一书在小红书这个新媒体平台上开展一个新书限时折扣活动，具体的提示词和AI策划的活动内容如下。

提示词

我要在小红书平台做一个新书限时折扣活动，书名为《AI短视频制作：可灵AI+剪映AI+即梦AI一本通》，具体要求如下。

1. 列出准备宣传的素材
2. 活动宣传：包括发布活动预告、合作博主推广
3. 优惠折扣实施
4. 收集用户反馈

橙篇

小红书平台新书限时折扣活动策划

一、准备宣传素材

1. 书籍封面及内页图片

高清书籍封面图，用于吸引读者的注意力。

内页精彩内容截图，展示书籍的实用性和专业性。

2. 书籍简介及亮点提炼

简短精炼的书籍简介，突出《AI短视频制作：可灵AI+剪映AI+即梦AI一本通》一书的核心价值。

提炼书籍亮点，如：全面覆盖三大AI工具的使用技巧、实战案例丰富、适合短视频创作者和AI爱好者等。

3. 作者介绍

作者的简介及作品列表，提高书籍的可信度。

作者在AI短视频领域的经验和成就，强调书籍的权威性。

4. 活动海报及宣传文案

设计活动海报，包含书籍封面、活动标题、折扣信息及二维码等关键元素。

撰写宣传文案，突出限时折扣的紧迫感和书籍的实用性。

二、活动宣传

1. 发布活动预告

在小红书平台发布活动预告笔记，包括书籍介绍、活动时间及折扣信息。

利用小红书的标签功能，添加与书籍内容、短视频制作、AI工具等相关的热门标签。

在预告笔记中设置互动环节，如：邀请读者留言分享自己的短视频创作经验，抽取幸运读者赠送书籍等。

2. 合作博主推广

寻找与书籍内容相关的热门博主进行合作，如短视频制作博主、AI技术博主等。

向合作博主提供书籍、宣传素材及合作方案，邀请他们发布推广笔记或视频。

跟踪合作博主的推广效果，及时沟通调整推广策略。

三、优惠折扣实施

1. 设置限时折扣

在小红书平台设置书籍的限时折扣价格，确保折扣力度足够吸引读者。

设定折扣期限，如：活动开始后的前三天享受最低折扣，之后逐渐恢复原价。

2. 优惠券发放

……

四、收集用户反馈

1. 设置反馈渠道

……

2. 收集反馈内容

……

3. 回应反馈

……

4. 总结反馈结果

……

通过以上策划方案的实施，相信能够在小红书平台成功开展《AI短视频制作：可灵AI+剪映AI+即梦AI一本通》的新书限时折扣活动，吸引更多读者关注和购买。

9.2.5　B站新书签售会活动策划

B站（哔哩哔哩）是一个深受年轻人喜爱的视频分享平台，其特点主要体现在以下几方面。

首先，B站拥有独特的社区氛围，用户之间交流互动频繁，形成了活跃的社群文化和价值观。

其次，B站的内容生态多元化，涵盖了ACG（动画、漫画和游戏），以及美食、财经和知识分享等多个领域，满足了用户的不同需求。

再次，B站注重内容创新，平台上的视频质量高，且不断涌现出新颖有趣的创作。另外，B站还以其优质的弹幕文化著称，弹幕已成为视频内容的组成部分，提升了用户的观看体验。

最后，B站提供了丰富的变现机会，UP主（Uploader，上传者）可以通过多种方式实现商业化运营，品牌也能通过与UP主的合作获得巨大的曝光度和受欢迎程度。综上所述，B站是一个集视频分享、社交互动、内容创新于一体的多元化平台，其独特的社区氛围和丰富的内容生态吸引了大量年轻用户，成为年轻人的文化聚集地和创意分享的重要平台。

在B站这个深受年轻人喜爱的新媒体平台上做活动，需注意以下几点。

首先，活动内容需与B站用户群体和社区文化相契合，注重原创性、独特性和深度，以满足不同用户需求。

其次，设计丰富的互动环节，如线上问答、投票评选和弹幕互动等，提升用户参与度，并考虑结合线下活动，以提升互动体验。同时，合理安排活动时间，保持更新频率，以维持用户关注度。

另外，与其他创作者或企业合作，通过联合创作、互访等方式扩大活动影响力，实现资源共享。

最后，密切关注数据变化，通过用户行为分析和数据可视化工具优化活动效果，并确保活动符合B站社区规则和法律法规，避免违规行为带来的负面影响。

综上所述，成功在B站做活动需综合考虑内容、互动、时间、合作与合规等多方面的因素。

下面以智谱清言为例，给《AI短视频制作：可灵AI+剪映AI+即梦AI一本通》一书在B站这个新媒体平台上开展一个新书签售会活动，具体的提示词和AI策划的活动内容如下。

提示词

我要在B站平台做一个新书签售会活动，书名为《AI短视频制作：可灵AI+剪映AI+即梦AI一本通》，具体要求如下。

1. 活动目标与定位：扩大作者及出版社在B站平台的影响力

2. 关键流程：包括邀请嘉宾、宣传预热

3. 活动主题

4. 执行活动的步骤

智谱清言

B站平台新书签售会活动策划

1. 活动目标与定位

（1）活动目标

扩大作者及出版社在B站平台的影响力；

提高新书的曝光度和认知度；

建立与目标读者群体的互动联系；

促进线上书籍销售。

（2）活动定位

面向科技爱好者和短视频制作爱好者，特别是对AI技术感兴趣的年轻群体；

以知识分享和互动交流为主，打造一场兼具专业性和趣味性的线上签售活动；

通过B站平台的直播功能，实现作者与读者的零距离互动。

2. 关键流程

（1）邀请嘉宾

作者本人：分享创作背景、书籍内容和AI短视频制作的实际操作经验；

行业专家：对AI短视频制作领域的发展趋势进行解读；

知名B站UP主：分享使用AI工具制作短视频的经验和心得。

（2）宣传预热

制作活动海报和预告视频，突出活动亮点和嘉宾阵容；

在B站发布活动预告，包括活动时间、内容和参与方式；

利用微博、知乎、豆瓣等社交平台进行跨平台宣传；

与B站相关领域UP主合作，进行联合推广；

设立活动专属话题标签，引导用户参与讨论和转发。

3. 活动主题

"AI赋能，短视频新玩法——《AI短视频制作：可灵AI+剪映AI+即梦AI一本通》新书签售会"

4. 执行活动的步骤

（1）策划与准备

确定活动日期、时间和直播平台；

邀请并确认嘉宾参与；

设计活动流程、互动环节和抽奖活动；

制作宣传素材，包括海报、视频和文案；

安排技术支持和设备调试。

（2）宣传推广

……

（3）活动实施

……

（4）活动收尾

……

9.2.6　微博新书社群互动活动策划

微博平台作为中国最具影响力的社交媒体之一，以其独特的短内容形式和广泛的用户基础著称。它融合了新闻资讯、娱乐八卦、个人分享等多种元素，形成了一种快速、即时、碎片化的信息传播方式。

扫码看教学视频

微博用户群体庞大且多元化，涵盖了各个年龄段、职业背景和兴趣领域，这使得微博成为品牌宣传、了解公众舆论和与明星互动的重要阵地。另外，微博注重话题讨论和热点追踪，通过热搜榜、话题标签等功能，能够迅速汇聚用户关注，形成强大的舆论场。同时，微博还支持图文、视频和直播等多种内容形式，满足了用户多样化的表达需求。

这些特点共同构成了微博平台的独特魅力，使其成为信息传播、社交互动和品牌推广的重要平台。无论是个人用户还是企业机构，都能在微博平台上找到适合自己的发声渠道和受众群体。

在微博新媒体平台上举办活动时，需明确活动主题与目标，制定详细的方案，包括时间规划、内容形式及互动环节，确保流程清晰易行。设计富有创意的宣传语和精美海报，以吸引用户眼球，突出活动亮点。

在内容方面，应注重质量与创意，提供有趣、有价值的内容，激发用户的兴趣与共鸣。同时，加强活动期间与用户的互动沟通，及时回复评论与私信，提升用户参与感和满意度。另外，务必确保活动合规，遵守微博平台规定及相关法律法规，避免触碰敏感话题。

综上所述，成功在微博举办活动需综合考虑策划、宣传、内容及合规等多方面的因素，以实现活动目标，提升品牌影响力与用户黏性。

下面以文心一言为例，给《AI短视频制作：可灵AI+剪映AI+即梦AI一本通》一书在微博这个新媒体平台上举办一个新书社群互动活动，具体的提示词和AI策划的活动内容如下。

提示词

我要在微博平台做一个新书社群互动活动，书名为《AI短视频制作：可灵AI+剪映AI+即梦AI一本通》，具体要求如下。

1. 创建社群并制定规则

2. 设计活动主题

3. 作品评选与奖励

4. 社群维护与持续发展：包括持续关注社群动态，维护社群氛围，确保社群活跃度；定期举办类似的活动，如读书分享会、AI短视频制作技巧交流会等，促进社群成员之间的交流与成长

文心一言

微博平台新书社群互动活动策划

一、创建社群并制定规则

1. 创建社群

在微博平台上创建一个以《AI短视频制作：可灵AI+剪映AI+即梦AI一本通》为主题的社群，如超话或粉丝群。

社群名称建议为"AI短视频制作社群"或"可灵AI剪映AI即梦AI交流群"，确保名称直观明了，便于搜索和加入。

2. 制定规则

发言规范：鼓励积极、健康的讨论，禁止发布广告、低俗、攻击性言论。

内容要求：分享与AI短视频制作相关的内容，如学习心得、创作技巧、作品展示等。

互动方式：鼓励成员之间互相点赞、评论、转发，形成良好的互动氛围。

管理员职责：明确管理员的权限和责任，如审核入群申请、管理社群秩序、发布活动通知等。

二、设计活动主题

活动主题："AI短视频创作挑战赛"

鼓励社群成员使用《AI短视频制作：可灵AI+剪映AI+即梦AI一本通》一书中的知识和技巧，创作属于自己的AI短视频作品。

设定创作主题，如"未来科技生活""AI改变世界"等，激发成员的创作灵感。

活动期间，成员需将作品发布在微博上，并带上活动主题标签，以便统计和展示。

三、作品评选与奖励

1. 评选标准

创意性：作品是否具有新颖的想法和独特的视角。

技术性：作品是否运用了书中的AI短视频制作技巧，效果是否出色。

参与度：作品在社群内的互动情况，如点赞、评论、转发数量等。

2. 评选流程

设立专业评委团，由书籍作者、AI短视频制作专家及社群管理员组成。

评委团根据评选标准对作品进行打分，选出优秀的作品。

在社群内公布评选结果，并对获奖作品进行展示和表彰。

3. 奖励设置

设立一等奖、二等奖、三等奖及优秀奖若干名，奖励书籍、AI短视频制作工具及相关学习课程等。

对积极参与活动的成员，可额外赠送书籍或纪念品以资鼓励。

四、社群维护与持续发展

1. 持续关注社群动态

……

2. 确保社群活跃度

……

3. 定期举办类似的活动

……

通过以上策划方案的实施，相信能够成功打造一个活跃、积极、健康的微博新书社群，促进成员之间的交流与成长，提升书籍的知名度和影响力。

9.2.7 知乎读者心得分享活动策划

知乎平台以高质量的问答社区为特色，汇聚了大量专业领域的知识分子和行业专家。用户可以在平台上提出各种问题，并获得来自不同背景的专业回答。知乎注重内容的深度和广度，鼓励用户分享专业见解和独特经验，形成了丰富的知识库。

同时，知乎还通过算法推荐和话题聚合，帮助用户发现感兴趣的内容，促进知识的传播和共享。平台上的互动形式多样，包括点赞、评论、分享等，增强了用户参与感和社区归属感。

另外，知乎还设有专栏、盐选会员等付费内容，为用户提供更专业、更深入的知识服务。这些特点共同构建了知乎平台的独特魅力，使其成为知识分享、学习交流和职业发展的重要平台。

在知乎新媒体平台上举办活动时，首先要明确活动目的，如提升品牌知名度或增加用户互动，同时深入了解知乎用户的高知、专业特性，确保活动内容与这一特点相符，提供有价值、有深度的内容。活动设计应遵守知乎社区规范，避免违规行为。

结合知乎平台的特点，创新活动内容，如举办专业话题讨论、知识竞赛等，以吸引用户参与。充分利用知乎的问答、专栏和直播等功能，增强活动的互动性和传播性，提升用户参与度。同时，通过数据分析工具关注活动的参与度、转化率等指标，以便及时调整策略。

综上所述，成功在知乎举办活动需综合考虑目的、用户特性、平台规则、内容创新、功能利用与效果监控等多方面的因素，确保活动有效，实现品牌或产品目标。

下面以Kimi为例，给《AI短视频制作：可灵AI+剪映AI+即梦AI一本通》一书在知乎这个新媒体平台上举办一个读者心得分享活动，具体的提示词和AI策划的活动内容如下。

提示词

我要在知乎平台做一个读者心得分享活动，书名为《AI短视频制作：可灵AI+剪映AI+即梦AI一本通》，具体要求如下。

1. 创建活动专题页面

2. 利用社交媒体推广

3. 互动与讨论

4. 制订奖励与表彰计划

🅺 Kimi

知乎平台读者心得分享活动策划

1. 创建活动专题页面

（1）页面设计

在知乎创建一个专门的活动页面，页面风格与书籍封面相呼应，包含书籍介绍、活动规则、参与方式等。

（2）内容板块

书籍介绍：提供书籍的详细信息，包括作者简介、目录摘要、读者评价等。

活动规则：明确活动的具体规则，如分享格式、截止日期、参与资格等。

参与方式：指导用户如何发布心得，包括文字、图片或视频等。

互动区域：设置评论区，鼓励读者提问和讨论。

2. 利用社交媒体推广

知乎内部推广：在知乎发布活动预告，利用知乎的问答和文章功能进行预热。

跨平台推广：在微博、微信、豆瓣等社交平台发布活动信息，吸引更多读者关注。

KOL合作：邀请行业内的意见领袖或知名博主参与活动，分享他们的读书心得，以增强活动的吸引力。

广告投放：在相关社交媒体平台上投放定向广告，吸引目标读者群体。

3. 互动与讨论

话题标签：创建活动专属的话题标签，方便用户搜索和参与讨论。

实时互动：活动期间，安排专人实时回应用户的评论，增强互动性。

专家参与：邀请书籍作者或行业专家参与讨论，提供专业的见解。

用户互动：鼓励用户之间相互交流心得，形成社区氛围。

4. 制订奖励与表彰计划

（1）奖励设置

……

（2）表彰方式

……

总结

通过上述活动策划，您可以在知乎平台上成功开展《AI短视频制作：可灵AI+剪映AI+即梦AI一本通》的读者心得分享活动，不仅能够增加读者之间的交流，还能提升书籍的影响力和知名度。

9.2.8　豆瓣书评创作活动策划

扫码看教学视频

豆瓣平台是一个以兴趣为导向的社交平台，提供了一个多元化、富有活力的网络社区。用户可以根据自己的兴趣和爱好，加入不同的兴趣小组，分享生活经历，交流各种话题。

豆瓣以其独特的社区氛围和丰富的用户原创内容著称，如书影音推荐、评论、小组讨论等，吸引了大量忠实的用户。平台鼓励用户原创，通过优质内容吸引更多关注和互动。豆瓣的社区氛围友好、包容，用户可自由发表观点，不必担心被攻击。

另外，豆瓣致力于打造一个多元化的内容平台，满足不同用户的需求，包括文学、艺术、电影和音乐等领域，都能在豆瓣找到相应的兴趣小组和内容。

在豆瓣新媒体平台上做活动时，需明确符合豆瓣氛围的活动主题，如文化、艺术等，鼓励用户分享原创内容，利用豆瓣小组这一用户聚集地进行推广和互动。设置奖励机制，如小豆奖励或小组称号，以激发用户的参与热情。

同时，及时关注用户对活动的反馈，灵活调整策略，提升用户体验。最重要的是，活动必须严格遵守豆瓣的社区规范和法律法规，确保活动合法合规，维护社区的和谐与秩序。

综上所述，成功在豆瓣举办活动需综合考虑主题选择、用户原创、小组资源利用、奖励机制设置、用户反馈关注及平台规则遵守等多方面的因素。

下面以豆包为例，给《AI短视频制作：可灵AI+剪映AI+即梦AI一本通》一书在豆瓣这个新媒体平台上举办一个书评创作活动，具体的提示词和AI策划的活动内容如下。

提示词

我要在豆瓣平台做一个书评创作活动，书名为《AI短视频制作：可灵AI+剪映AI+即梦AI一本通》，具体要求如下。

1. 确定活动主题

2. 合作推广：与豆瓣上的书评达人、行业专家或书籍推荐者合作，通过他们的账号发布活动信息，提高活动曝光率。

3. 书评收集与审核

4. 书评评选与展示

🎙 豆包

豆瓣平台书评创作活动策划

一、活动主题

"探索AI短视频制作新纪元——《AI短视频制作：可灵AI+剪映AI+即梦AI一本通》书评活动"

二、合作推广

1. 寻找合作对象

在豆瓣上搜索书评达人，可以通过查看他们过往的书评数量、质量、点赞数和评论互动情况来筛选合适的合作对象。

联系行业专家，可以通过他们在相关领域的发言、文章等找到联系方式，邀请他们参与活动。

寻找书籍推荐者，可以关注一些经常推荐各类书籍的豆瓣用户，向他们发出合作邀请。

2. 合作方式

为书评达人、行业专家和书籍推荐者提供提前阅读书籍的机会，让他们能够更好地撰写书评。

与他们协商在其豆瓣账号上发布活动信息的具体时间和内容形式。例如，可以是一篇专门介绍活动的文章，或者在他们日常的书评动态中插入活动信息。

为合作对象提供一定的奖励，如书籍周边、电子优惠券或者优先参与其他活动的机会，以提高他们合作的积极性。

三、书评收集与审核

1. 收集方式

在豆瓣上创建一个专门的活动页面，详细介绍活动规则、参与方式和奖品设置等信息。

鼓励用户在活动页面下方留言提交书评，或者发布带有特定活动标签的书评文章。

设立专门的活动邮箱，接收用户发送的书评。

2. 审核流程

初步筛选：剔除明显不符合要求的书评，如字数过少、内容与书籍无关等。

内容审核：检查书评的内容是否客观、真实、有深度。可以从以下几个方面进行评估。

（1）对书籍内容的理解程度。

（2）对AI短视频制作的见解和分析。

（3）书评的语言表达和逻辑结构。

（4）合规审核：确保书评不包含违法、违规或不适当的内容。

四、书评评选与展示

1. 评选标准

……

2. 评选流程

……

3. 展示方式

……

9.2.9 播客新书内容揭秘活动策划

扫码看教学视频

播客平台以其独特的魅力吸引了大量听众与创作者，它打破了传统广播的限制，提供了更为自由、个性化的内容创作与分享空间。用户可以根据自己的兴趣和需求，随时随地选择并收听各类节目，从知识科普到娱乐休闲，内容丰富多样。

同时，播客平台具有高度的互动性，听众可以通过评论、弹幕等方式与主播实时交流，形成紧密的社群关系。此外，其低门槛的发布机制，使得更多人有机会展示自己的声音和才华，促进了内容的多元化与创新。总之，播客平台以其内容的丰富性、互动的即时性及创作的开放性，成了现代传媒领域的一股重要力量。

在播客平台策划活动时，需明确活动主题与目标听众，确保内容既有吸引力，又与播客主题契合。设计互动环节，如听众问答、嘉宾连线等，增强听众的参与感与黏性。利用社交媒体和播客平台内的推广工具广泛宣传，吸引更多的听众关注。

同时，注重活动的时间安排与更新频率，保持听众的期待感。在录制过程中，确保音质清晰，内容流畅，提升听众体验。最后，收集听众反馈，持续优化活动内容与形式，以建立稳定的听众社群，提升播客品牌影响力。通过这些策

略，可以在播客平台上成功开展活动，增加听众互动，提升与听众的忠诚度。

下面以天工AI为例，给《AI短视频制作：可灵AI+剪映AI+即梦AI一本通》一书在播客这个新媒体平台上举办一个新书内容揭秘活动，具体的提示词和AI策划的活动内容如下。

提示词

我要在播客平台做一个新书内容揭秘活动，书名为《AI短视频制作：可灵AI+剪映AI+即梦AI一本通》，具体要求如下。

1. 确定内容准备阶段：深入研读书籍、设计互动环节

2. 节目发布与推广：按照预定的发布时间表，在播客平台上发布节目，包括标题、简介、封面及音频文件

3. 与听众互动和收集反馈

4. 保持持续更新与建立社群

天工AI

播客平台新书内容揭秘活动策划

1. 内容准备阶段

深入研读：组建阅读小组，全面理解书籍内容，提炼关键知识点，如AI短视频制作的基础理论、软件功能详解、实战技巧与案例分析。

设计互动环节：设计问答、案例分析、专家访谈、实操演练等多种互动元素，提升听众参与度，比如设置"一周一技"小任务，鼓励听众动手实践。

2. 节目发布与推广

标题设计：精心制作每期节目的标题，确保既吸引眼球又准确反映内容，如"第1集：初识AI短视频魔法""第3集：实战篇：巧用剪映AI美化镜头"。

简介撰写：编写翔实的节目描述，涵盖本期主要内容、嘉宾介绍、预期收益等，引导听众快速了解价值所在。

封面设计：定制风格统一且具有吸引力的封面图，突出书籍主题，可在视觉上传达"AI短视频制作"的精髓。

音频录制：高质量录音，确保清晰无杂音，必要时添加背景音乐（Background Music，BGM）与特效音，提升听觉体验。

定时发布：遵循预先规划的时间表，定期上线，如每周三晚8点，形成固定

的听众收听习惯。

3. 与听众互动和收集反馈

评论区互动：及时回复听众留言，针对疑问进行解答，鼓励分享心得。

调查问卷：……

4. 保持持续更新与社群建设

……

整个活动不仅仅是分享知识的过程，更是构建了一个热爱AI短视频制作爱好者的大家庭。通过精心的设计与不懈的努力，相信可以聚集一批热情洋溢的听众，共同探索AI短视频的世界，分享喜悦与成就。

9.2.10 快手新书直播分享活动策划

扫码看教学视频

快手是一个拥有庞大用户基础的短视频社交平台，覆盖广泛的年龄层和地域，内容创作多样化，包括音乐、舞蹈、搞笑和美食等，鼓励用户真实记录和分享生活。快手注重社交互动，用户可通过留言、点赞和分享等方式互动，增强用户黏性。

快手还引入了地理标签功能，增加了线下社交的可能性。其短视频格式加速了内容传播，个性化推荐服务使用户更易发现感兴趣的内容。另外，快手平台致力于传播正能量，维护良好的环境。通过直播功能，用户可进行实时互动，增加参与感。

在快手平台策划活动时，需紧密结合平台的特点，注重内容创新，打造有趣、互动性强的短视频活动，吸引用户参与。利用快手的话题标签和热门挑战功能，提高活动曝光率。同时，设计符合平台用户喜好的奖励机制，如现金红包、平台流量扶持等，激发用户的参与热情。

注重活动的真实性，避免过度营销，维护良好的用户体验。在活动期间，及时与用户互动，收集反馈，优化活动流程。同时，遵守平台规则，确保内容合规，避免触碰敏感话题。通过这些措施，可以在快手平台上成功开展活动，提升品牌影响力，增强用户黏性。

下面以ChatGPT为例，给《AI短视频制作：可灵AI+剪映AI+即梦AI一本通》一书在快手这个新媒体平台上举办一个新书直播分享活动，具体的提示词和AI策划的活动内容如下。

提示词

我要在快手平台做一个新书直播分享活动，书名为《AI短视频制作：可灵
AI+剪映AI+即梦AI一本通》，具体要求如下。

1. 制订直播计划：包括直播时长、主题、互动环节等，确保内容充实、有
趣且符合快手平台用户的喜好。

2. 设计直播内容准备阶段

3. 直播结束：总结直播亮点，预告下次直播时间或相关活动

4. 直播回放：将直播内容整理成回放视频，发布在快手平台，供未观看直
播的用户观看

ChatGPT

快手平台新书直播分享活动策划

1. 制定直播计划

（1）直播时长

建议控制在1~1.5小时，既能够深入分享书中的内容，又不至于让观众感到
疲劳。

（2）直播主题

主标题："AI短视频制作全攻略：从可灵AI到剪映AI，再到即梦AI！"

副标题："轻松掌握AI工具，做出专业短视频！"

（3）互动环节

观众提问环节：鼓励观众通过评论提问，主持人可根据提问进行回答，增强
互动性。

小测验/抽奖活动：可设置小测验，提问书中的某些关键内容，回答正确的
观众可以获得一些小奖品（如书籍、课程优惠券等）。

投票或调查：在直播过程中，使用快手的投票功能让观众选择他们想要了解
的AI工具应用实例，增加互动感。

（4）内容安排

开场（5分钟）：简短自我介绍，介绍书籍背景和直播目的。

核心内容讲解（30分钟）：根据书籍内容，重点讲解AI工具的使用方法（可
灵AI、剪映AI、即梦AI），并通过实例展示实际的操作过程。

互动环节（15分钟）：回答观众问题，进行抽奖或小测验。

总结（10分钟）：总结直播内容，并与观众分享实际应用场景，激发兴趣。

预告下次直播（5分钟）：预告未来直播的时间和内容，鼓励观众持续关注。

2.直播内容准备阶段

......

3.直播结束

......

4.直播回放

......

本章小结

本章首先介绍了新媒体活动的常见类型，以及AI在新媒体活动策划中的创新作用，探讨了AI技术如何为新媒体活动策划带来前所未有的变革与机遇；然后详细阐述了在微信公众号、今日头条、抖音、小红书、B站、微博、知乎、豆瓣、播客及快手等平台上，如何利用AI技术进行新书预售、线上读书会、创意短视频挑战赛、新书限时折扣、新书签售会、社群互动、心得分享、书评创作、内容揭秘以及直播分享等多种类型的新媒体活动策划。

课后实训

鉴于本章知识的重要性，为了帮助读者更好地掌握所学知识，本节将通过课后习题，帮助读者进行简单的知识回顾和补充。

扫码看教学视频

问题：使用文心一言策划一个小红书平台的茶点品鉴赛活动。

【提示词】

我要在小红书平台做一个茶点品鉴赛活动，请写一个活动策划主题和列出关键流程，具体要求如下。

1. 活动预热阶段

2. 报名与作品征集阶段

3. 评审与投票阶段

4. 结果公布与颁奖

5. 活动总结与反馈

文心一言

"茶韵飘香，点心盛宴"——小红书茶点品鉴大赛

关键流程：

1. 活动预热阶段

发布预告帖：在小红书平台发布活动预告，介绍活动主题、时间、参与方式及奖品设置，吸引用户关注和参与。

建立话题标签：创建专属活动话题标签（如#茶点品鉴大赛#），鼓励用户生成相关内容并带上标签参与。

KOL合作：邀请茶文化与美食领域的知名KOL进行预热宣传，扩大活动影响力。

2. 报名与作品征集阶段

明确报名规则：通过小红书笔记或私信方式报名，提交个人简介、茶点品鉴经验简述等。

作品提交：参赛者需在规定时间内上传自己的茶点创作图片或视频，附上茶点介绍、搭配茶品建议及品鉴心得，使用活动话题标签。

互动激励：鼓励用户点赞、评论、转发参赛作品，设置互动量达到一定数量即可获得额外奖励的规则。

3. 评审与投票阶段

......

4. 结果公布与颁奖

......

5. 活动总结与反馈

......

通过这样细致的活动策划与流程安排，可以确保"茶韵飘香，点心盛宴"小红书茶点品鉴大赛的顺利进行，同时有效提升品牌的影响力，加深用户对茶文化的认识与喜爱。

第10章

实战：用AI策划新媒体行业活动

　　本章将深入实战领域，探讨如何用AI策划新媒体行业活动。随着AI技术的飞速发展，它正逐步成为传统行业转型升级的重要推手。通过AI的智能分析与创意生成，新媒体活动策划得以焕发新生。本章将通过一系列精彩案例，展示AI如何助力各行业打造独具特色的新媒体活动，从餐饮美食到影视模仿秀，从电商攻略到教育沙龙，全方位展现AI策划的无限可能。

10.1　AI 驱动各行各业的活动创新

随着科技的飞速发展，人工智能正逐步渗透至社会的各个角落，为传统行业带来了前所未有的变革与机遇。在新媒体领域，AI技术的融入更是掀起了一场创新的风暴，为各行各业的新媒体活动策划注入了新的活力与灵感。从餐饮、互联网到电商、零售，各行各业都在积极探索如何利用AI技术来优化和提升新媒体活动的策划与执行效果。

本节将深入探讨AI如何驱动各行各业的新媒体活动创新，分析各行业在新媒体活动策划中的实施策略，并揭示AI技术如何赋能新媒体行业活动策划，助力企业实现更高效、更精准、更具影响力的营销目标。

10.1.1　各行业新媒体活动策划的实施策略

随着消费者行为的不断变化和市场竞争的日益激烈，传统活动策划模式已难以满足当前的市场需求。从目标受众的精准定位到营销渠道的拓展，再到用户互动性的提升和数据分析的精准性，传统行业在活动策划的每一个环节都面临着诸多难题。这些痛点不仅限制了活动策划的创意与效果，更影响了品牌的传播与市场竞争力。传统行业的活动策划面临着多方面的痛点，如图10-1所示。

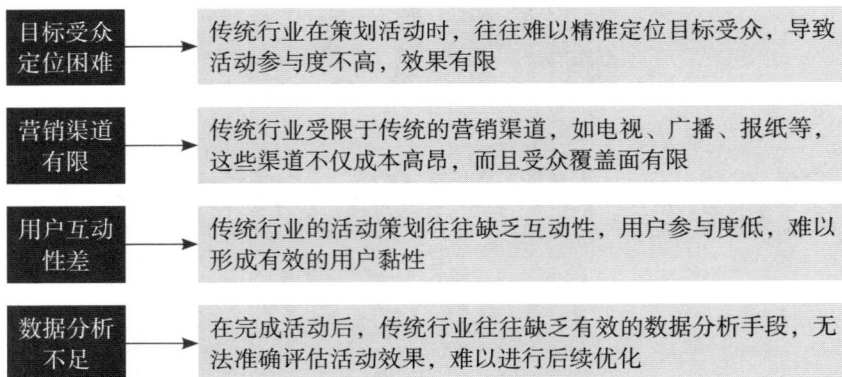

扫码看教学视频

目标受众定位困难	传统行业在策划活动时，往往难以精准定位目标受众，导致活动参与度不高，效果有限
营销渠道有限	传统行业受限于传统的营销渠道，如电视、广播、报纸等，这些渠道不仅成本高昂，而且受众覆盖面有限
用户互动性差	传统行业的活动策划往往缺乏互动性，用户参与度低，难以形成有效的用户黏性
数据分析不足	在完成活动后，传统行业往往缺乏有效的数据分析手段，无法准确评估活动效果，难以进行后续优化

图 10-1　传统行业活动策划面临的痛点

新媒体活动通过借助互联网和新媒体平台，能够有效解决传统行业活动策划中的痛点，提升活动效果和用户参与度。具体来说，新媒体活动通过以下方式解决痛点。

（1）精准定位目标受众：新媒体平台提供了丰富的用户数据，通过大数据分析，传统行业可以精准定位目标受众，制定更具针对性的活动策略。例如，利用社交媒体平台的用户画像功能，分析用户的兴趣、行为、地域等特征，为活动策划提供数据支持。

（2）拓展营销渠道：新媒体平台如微信公众号、微博、抖音、小红书等，具有广泛的用户基础和高度互动性，为传统行业提供了全新的营销渠道。通过在新媒体平台上发布活动信息、互动内容，可以有效扩大活动的影响力，吸引更多潜在用户参与。图10-2所示为小米汽车在抖音平台上发布的活动视频，吸引了大量粉丝关注。

图 10-2　小米汽车在抖音平台上发布的活动视频

（3）增强用户互动性：新媒体活动注重用户的参与和互动，通过话题讨论、用户投票、线上活动等方式，鼓励用户积极参与活动，提升用户黏性。例如，设置互动话题，引导用户分享个人经历、看法和体验，增强用户与品牌之间的情感联系。

（4）数据分析优化策略：新媒体平台提供了丰富的数据分析工具，可以实时监测活动效果，评估用户参与度、转化率等关键指标。通过数据分析，传统行业可以及时发现活动中的问题，调整优化策略，提升活动效果。

10.1.2　用AI技术赋能新媒体行业活动策划

在数字化转型的浪潮中，人工智能技术正以前所未有的速度，重塑着各行各业的新媒体活动策划方式。通过巧妙运用AI技术，各行各业可以显著提升活动策划的精准度、创新性和执行效率，从而在激烈的市场

扫码看教学视频

竞争中脱颖而出。

AI技术在新媒体活动策划中的应用涵盖了多个关键环节。在前期策划阶段，AI可以帮助企业分析大量用户数据，精准定位目标受众，洞察用户的需求和偏好，为活动策划提供科学的数据支持。通过自然语言处理和情感分析技术，AI还能挖掘出社交媒体上的热门话题和趋势，为活动策划提供创意灵感，如图10-3所示。

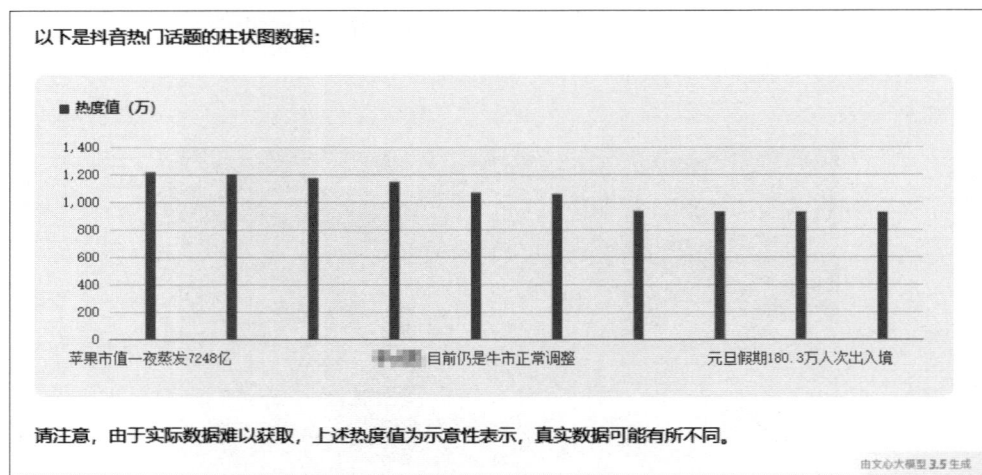

图 10-3　用 AI 挖掘热门话题的示例

在执行策划的活动过程中，AI技术同样发挥着重要作用。借助自动化工具和智能算法，AI可以优化活动流程，提高执行效率，减少人为错误。例如，AI可以智能调度活动资源，确保活动的顺利进行。

此外，AI技术还能提升新媒体活动的互动性和用户参与度。通过智能推荐系统和个性化内容生成，AI可以根据用户的兴趣和需求，为他们提供定制化的活动体验。这种个性化的互动方式不仅增强了用户的参与感，还提高了活动的转化率和品牌忠诚度。

10.2　各行业的 AI 新媒体活动策划

在数字化转型的浪潮中，AI新媒体活动正逐渐成为各行业进行推广和与用户互动的新宠。本节将深入探讨如何用AI策划不同行业的精彩新媒体活动，从餐饮到互联网，从广告到电商，再到零售、旅游、汽车、影视、教培及展览等多个领域，这些案例揭示了AI在推动新媒体商业活动策划发展方面的巨大潜力。

10.2.1 餐饮行业美食创意活动策划

扫码看教学视频

餐饮行业是通过即时加工制作、商业销售和服务性劳动于一体，向消费者提供各种酒水、食品，以及消费场所和设施的食品生产经营行业。它满足食客的饮食需求，从而获取相应的服务收入。

餐饮行业因其市场大、增长快、影响广和吸纳就业能力强的特点而广受重视，同时也是发达国家输出资本、品牌和文化的重要载体。餐饮行业具有多样化的特点，世界各地的餐饮因地区和文化差异而各具特色。

餐饮行业在新媒体平台上的活动，主要通过社交媒体、短视频平台等渠道进行。首先，通过发布美食图片、视频和直播等形式，吸引粉丝关注和互动；其次，举办线上美食节、烹饪比赛等活动，提高用户参与度和黏性。

同时，利用新媒体平台的广告投放和数据分析功能，进行精准营销和效果评估。另外，与网红、美食博主合作，进行联合推广和直播带货，也是提升品牌影响力和销售额的有效手段。

AI在餐饮行业的新媒体活动策划中发挥着重要作用。通过AI技术，餐饮企业可以分析用户行为模式和偏好，制定个性化的营销策略和推广方案。AI还可以辅助策划创意活动，如虚拟导览、互动菜单等，提升用户体验和参与度。

另外，AI在数据分析、实时监控和动态调整方面也具有显著优势，能够帮助餐饮企业更精准地评估活动效果，及时调整策略，确保活动的成功和效果最大化。

下面以通义为例，用AI策划一个餐饮行业的美食创意摆盘大赛活动，具体的提示词和AI策划的活动内容如下。

📝 提示词

我要策划一个美食创意摆盘大赛活动，请写一个活动策划主题，并列出关键流程，具体要求如下。

1. 活动筹备
2. 预热宣传
3. 启动仪式
4. 创作期
5. 作品征集
6. 评审阶段

7. 颁奖典礼

8. 后续推广

通义

活动策划主题：

"食尚新视界 —— 美食创意摆盘大赛，展现厨艺与美学的交融，捕捉味蕾上的艺术瞬间！"

1. 活动筹备

规则制定：明确参赛资格、作品要求（如菜品类型、摆盘元素）、提交格式（图片或视频），以及评判标准。

资源准备：联系赞助商获取奖品支持；确定活动场地（如果包含线下环节）；安排必要的设备和技术支持。

团队组建：组织一个由美食专家、摄影师、媒体代表等组成的评审团；招募志愿者协助活动期间的各项任务。

平台选择：决定活动的主要发布和互动平台（如微信公众号、抖音、微博等），并创建官方话题标签。

2. 预热宣传

媒体合作：与美食博主、餐饮杂志、社交媒体KOL合作，扩大活动的影响力。

预告发布：通过多渠道发布活动信息，包括海报、H5页面、短视频等形式，旨在吸引潜在的参赛者。

报名通道：开通线上报名系统，收集参赛者的个人信息及初步构想，提供活动指南和常见问题解答。

案例分享：展示往届优秀作品或行业内的经典案例，激发灵感。

3. 启动仪式

正式公告：推送详细的活动介绍文章，说明活动的背景、目的、时间表、参与方式等。

直播启动：举办线上启动仪式，邀请嘉宾进行致辞，宣布活动正式开始，同时进行现场演示或讲解。

互动环节：设置问答或抽奖环节，增强观众参与感，鼓励更多人关注和加入活动。

4. 创作期

灵感激发：定期推送创意提示、技巧分享等内容，帮助参赛者克服创作瓶颈。

社群交流：建立微信群或其他社交群组，供参赛者交流心得、分享进展，形成互助氛围。

技术支持：为需要帮助的参赛者提供拍摄技巧指导或摆盘建议，确保每位参赛者都能顺利完成作品。

5. 作品征集

……

6. 评审阶段

……

7. 颁奖典礼

……

8. 后续推广

……

通过上述精心设计的流程，不仅可以成功举办一场充满乐趣和创意的美食创意摆盘大赛，还能建立起一个活跃且富有创造力的美食爱好者社群，促进美食文化的交流与发展。

10.2.2　互联网行业Vlog短视频活动策划

扫码看教学视频

互联网行业是指利用包括因特网、移动手机等新兴网络技术为平台传播信息和创造娱乐的事业。它涵盖了多个领域和服务类型，包括但不限于互联网服务、电子商务、在线娱乐、数字内容、信息技术和人工智能等。

互联网行业高度依赖新兴的网络技术，提供从基础的网络服务到复杂的商务应用、娱乐和信息传播等多个方面的多元化服务。其产业链广泛，主要包括互联网运营商、广告服务和终端用户等环节。

互联网行业在新媒体平台做活动时，首先需要明确活动目的和目标用户。然后通过策划具有创意和吸引力的内容，如短视频、图文和互动游戏等，来吸引用户参与。同时，利用新媒体平台的传播优势，通过社交媒体、邮件和短信等多种渠道进行广泛宣传，提升活动的曝光度。

在活动执行阶段，要确保平台稳定运行，及时处理用户反馈和订单问题，并设置互动环节，增强用户参与感和体验感。最后对活动进行总结评估，收集反馈意见，为下次活动提供参考。

　　AI在互联网行业的新媒体活动中发挥着重要作用。它可以通过自然语言处理和机器学习算法，自动生成符合语法规范和逻辑连贯的文章和视频内容，提高生产效率。同时，AI还能通过用户行为分析和内容推荐算法，实现个性化内容推荐，提高用户的阅读体验和黏性。另外，AI技术还能帮助新媒体平台挖掘和分析用户数据，优化内容策划和广告效果，为互联网行业在新媒体平台的活动策划提供有力支持。

　　下面以秘塔AI为例，用AI策划一个互联网行业的Vlog短视频活动，具体的提示词和AI策划的活动内容如下。

提示词

　　我要策划一个互联网公司Vlog短视频活动，请写一个活动策划主题，并列出关键流程，具体要求如下。

1. 需求调查与目标设定

2. 创意激发与方案制定

3. 内容创作与策划

4. 拍摄制作

5. 编辑与优化

6. 发布与推广

7. 数据分析与反馈

8. 后续总结与评估

秘塔AI搜索

互联网公司Vlog挑战赛

关键流程

1. 需求调查与目标设定：了解目标受众的需求、兴趣和行为习惯，研究竞争对手的策略，寻找差异化点。

2. 创意激发与方案制定：根据目标和受众需求，制定创意的内容策划方案，撰写吸引人的脚本。

3. 内容创作与策划：选择一个与互联网公司相关的主题，如技术分享、产品演示等，确保内容的原创性和趣味性。

4. 拍摄制作：选择合适的地点和设备，注意构图和自然光的使用，保持视频简洁。

5. 编辑与优化：导入素材，剪辑并添加过渡效果，选择合适的音乐，提升视频的专业性和吸引力。

6. 发布与推广：选择适合的平台，优化视频信息，通过社交媒体等渠道推广。

7. 数据分析与反馈：跟踪视频指标，分析观众数据，根据结果调整视频内容。

8. 后续总结与评估：总结活动效果、评估目标是否实现、遇到的困难及主要结论。

10.2.3 广告行业创意挑战赛活动策划

扫码看教学视频

广告行业是指通过广告创意、策划、设计、制作、展示、发布、检测、管理、调查、科技研发、技术推广、效果评估、媒体运营和品牌代理等方式获取利润的产业门类。广告是为了商业或其他目的而做的付费信息发布，是现代服务业和文化产业的重要组成部分，在塑造品牌、展示形象、推动创新、促进发展、引导消费及传播先进文化等方面发挥着积极作用。

广告行业在新媒体平台做活动时，首先要明确活动的目标和主题，确保活动能够吸引目标受众的注意；接下来根据平台的特点和受众喜好，设计具有创意和吸引力的广告内容，如短视频、图文和互动游戏等。

同时，利用新媒体平台的传播优势，通过社交媒体、搜索引擎等多种渠道进行广泛宣传，提升活动的曝光度和参与度。在活动执行过程中，要密切关注用户反馈和互动情况，及时调整策略，确保活动效果最大化。

AI在广告行业的新媒体活动中扮演着重要角色。首先，AI技术可以帮助广告行业进行精准的用户画像和数据分析，为活动策划提供有力的数据支持；其次，AI技术可以自动生成和优化广告内容，提高广告的生产效率和创意水平。另外，AI技术还可以实现智能投放和实时监测，根据用户行为和反馈调整广告策略，确保广告效果最大化。最后，AI技术还可以用于广告效果的评估和预测，为广告行业的决策和发展提供科学依据。

下面以讯飞星火为例，用AI策划一个广告行业的创意广告挑战赛活动，具体的提示词和AI策划的活动内容如下。

📝 提示词

我要策划一个创意广告挑战赛活动，请写一个活动策划主题，并列出关键流程，具体要求如下。

1. 活动准备阶段

2. 活动宣传阶段

3. 作品征集阶段

4. 作品评审阶段

5. 颁奖及后续推广阶段

讯飞星火

活动策划主题

"创意无限·广告之星"创意广告挑战赛

1. 活动准备阶段

确定活动目标与规则：明确活动的目的（如提升品牌形象和产品曝光度等），并制定详细的活动规则，包括参赛资格、作品要求、评审标准等。

组建活动团队：成立一个由市场、品牌、创意等部门组成的活动团队，负责活动的策划、执行和监督。

准备活动资源：包括奖品、宣传材料、评审团队等。确保所有资源在活动开始前都已到位。

2. 活动宣传阶段

制订宣传计划：根据目标受众的特点，选择合适的宣传渠道（如社交媒体、电视广告、线下活动等）进行广泛宣传。

发布活动信息：通过各种渠道发布活动详情，包括活动目的、规则、奖项设置等，吸引更多的人参与。

邀请嘉宾与评委：邀请行业内的知名人士或专家担任嘉宾或评委，增强活动的权威性和吸引力。

3. 作品征集阶段

设立投稿渠道：为参赛者提供便捷的投稿方式，如在线提交、邮件发送等。

定期更新进度：在官方网站或社交媒体上定期更新作品征集进度，鼓励更多的人参与。

互动与反馈：对参赛者的作品给予及时反馈和建议，增强参赛者的参与感和归属感。

4. 作品评审阶段

......

5. 颁奖及后续推广阶段

......

10.2.4 电商行业购物攻略分享活动策划

电商行业，即电子商务行业，是指通过互联网及信息技术手段，实现商品或服务的在线交易、支付和配送等环节的商业活动。它涵盖了从企业对企业（Business to Business，B2B）、企业对消费者（Business to Consumer，B2C）、消费者对消费者（Consumer to Consumer，C2C）到消费者对企业（Consumer to Business，C2B）等多种交易模式。近年来，中国电商市场持续扩大，实物商品的网上零售额逐年攀升，成为数字经济的重要组成部分。

扫码看教学视频

电商行业在新媒体平台做活动时，首先需明确活动目标，如提升品牌知名度、增强用户黏性或促进销量等。接着根据目标受众的特点和喜好，设计具有吸引力的活动主题和内容，如限时折扣、秒杀和满减满赠等。

同时，利用新媒体平台的传播优势，通过社交媒体广告、短视频和直播等方式进行广泛宣传，吸引用户关注和参与。另外，电商企业还需关注活动的执行和监测，及时调整策略，确保活动效果最大化。

AI在电商行业的购物攻略分享活动策划中发挥着重要作用。首先，AI技术可以实现精准的用户画像和数据分析，帮助电商企业了解目标受众的需求和喜好，从而制定更具针对性的活动策略。其次，AI技术可以自动生成和优化购物攻略内容，提高攻略的实用性和吸引力。另外，AI技术还可以实现智能推荐和个性化服务，根据用户的购物历史和偏好，推荐适合的商品和优惠信息，提升用户的购物体验和满意度。

下面以橙篇为例，用AI策划一个电商行业的购物攻略分享活动，具体的提示词和AI策划的活动内容如下。

提示词

我要策划一个购物攻略分享活动，请写一个活动策划主题，并列出关键流程，具体要求如下。

1. 活动筹备阶段

2. 活动启动阶段

3. 内容创作与提交阶段

4. 评选与展示阶段

5. 奖励发放与后续跟进

6. 持续传播

ⓒ 橙篇

活动策划主题："智慧购物，攻略共享"——全民购物攻略创作大赛

活动背景：

在信息爆炸的时代，如何高效、精明地购物成了消费者关注的焦点。本次"智慧购物，攻略共享"活动旨在汇聚广大消费者的购物智慧，通过分享实用的购物攻略，帮助更多的人学会如何在琳琅满目的商品中挑选出性价比高的产品，同时享受愉快的购物体验。

1. 活动筹备阶段

目标设定：明确活动目的、预期效果、参与对象及覆盖范围。

团队组建：成立活动策划、宣传、评审、技术支持等小组。

平台搭建：选择或开发活动官方网站/小程序/社交媒体话题页，用于提交攻略、展示活动详情及与用户互动。

规则制定：首先明确攻略创作要求（如格式、内容方向、原创性声明）、截止日期、评选标准等。

资源筹备：准备宣传素材、奖品采购、技术测试等。

2. 活动启动阶段

宣传预热：通过社交媒体、合作伙伴、邮件推送等多渠道发布活动预告，吸引潜在参与者的密切关注。

KOL/网红合作：邀请购物达人、行业专家作为活动大使或评委，增强活动的权威性和吸引力。

发布会/直播启动：举办线上或线下发布会，正式公布活动详情，启动报名。

3. 内容创作与提交阶段

创意激发：发布攻略创作指南，提供灵感素材，鼓励参与者创新。

作品提交：开放提交入口，参与者按照相关要求上传购物攻略，包括文字、图片、视频等多种形式。

互动交流：建立社群或评论区，促进参与者之间的交流与反馈，提高活动的活跃度。

4. 评选与展示阶段

……

5. 奖励发放与后续跟进

……

6. 持续传播

……

通过这一系列精心设计的流程，不仅能够激发大众的创作热情，提升购物技能，还能有效增加品牌与消费者之间的互动，提升消费者黏性，实现双赢。

10.2.5　零售行业产品展示活动策划

扫码看教学视频

零售行业是指将商品直接销售给最终消费者的行业。这个行业与消费品不同，它涵盖了多个细分行业，如服装、家居、电子产品和食品等，每个行业都有其品牌零售的领域。零售行业通过各种渠道和方法为消费者提供各种各样的商品和服务，满足消费者的多样化需求。

零售行业在新媒体平台上的活动主要围绕吸引用户、提升品牌知名度和促进销售展开。首先，可以在抖音、快手和B站等社交平台投放探店、评测和优惠等视频内容，吸引用户的关注。

其次，通过直播带货，直接在平台上展示和推销商品，提高销售转化率。另外，还可以利用公众号、企业微信等渠道打造私域流量池，通过发布优惠信息、产品推荐等内容，引导用户下单购买。

AI在零售行业的产品展示活动策划中发挥着重要作用。通过AI技术，可以进行顾客行为分析，实现个性化产品推荐和促销活动，提高营销效果。同时，AI还可以用于动态定价，根据实时需求和竞争情况调整价格，确保有竞争力的定价策略。另外，AI驱动的聊天机器人和虚拟助手可以协助用户了解产品信息和购买流程，提高客户满意度和购买意愿。

下面以智谱清言为例，用AI策划一个零售行业的产品展示活动，具体的提示词和AI策划的活动内容如下。

提示词

我要策划一个曲奇饼干产品展示活动，请写一个活动策划主题，并列出关键流程，具体要求如下。

1. 活动筹备阶段

2. 活动宣传阶段

3. 活动执行阶段

4. 活动评选阶段

5. 活动总结阶段

🄖 智谱清言

活动策划主题： "甜蜜烘焙，共享美好时光——曲奇饼干品鉴大会"

1. 活动筹备阶段

确定活动目标：提升品牌知名度，推广新品曲奇饼干，吸引潜在消费者；

选定活动地点：根据目标人群，选择合适的商场、购物中心或活动中心；

设计活动内容：包括曲奇饼干展示、试吃、互动游戏、优惠促销等；

策划活动流程：明确活动时间线，安排各个环节；

预算编制：预估活动成本，包括场地租赁、物料制作、人员费用等；

招募工作人员：包括现场管理、接待、促销员等；

准备活动物料：制作展台、易拉宝、宣传册、试吃样品等。

2. 活动宣传阶段

制作宣传海报和视频：突出活动主题和曲奇饼干的特点；

社交媒体预热：在微博、微信公众号、抖音等平台发布活动预告；

合作媒体推广：联系美食博主、KOL进行活动宣传；

线下宣传：在活动地点周边张贴海报，发放传单；

邀请函发放：针对目标客户群体，发送电子邀请函或纸质邀请函。

3. 活动执行阶段

……

4. 活动评选阶段

……

5. 活动总结阶段

……

10.2.6　旅游行业风景打卡活动策划

扫码看教学视频

旅游行业是一个凭借旅游资源和设施，专门或主要从事招徕、接待游客，并为其提供交通、游览、住宿、餐饮、购物和文娱等服务的综合性行业。它是一个产业群，依赖旅游资源、旅游设施和旅游服务三大要

素的发展。旅游业不仅涵盖了景区游览，还包括从出行准备到旅行结束的全过程服务。根据过往的发展规划数据，旅游行业在国内及国际范围内都呈现出显著的增长趋势，是经济发展的重要组成部分。

旅游行业在新媒体平台上的活动策划主要包括以下几个步骤。首先，通过公众号、微博、抖音和小红书等平台发布旅游资讯、景点介绍、美食推荐等内容，吸引用户关注；其次，举办互动活动，如打卡比赛、摄影比赛等，鼓励用户分享旅游经历，提升品牌曝光率；同时，与旅游博主、网红合作，邀请他们体验并推广旅游产品，提高用户参与度；最后，利用社交媒体广告投放功能，精准定位目标受众，扩大活动影响力。通过这些活动，旅游行业能够有效提升品牌知名度和美誉度，吸引更多游客。

AI在旅游行业活动策划中发挥着重要作用。通过深度学习算法，AI能够分析用户偏好、预算和时间等信息，生成个性化的旅游建议，提升用户体验。同时，AI能够预测天气变化、航班变动等不确定因素，帮助游客及时调整行程，确保旅行顺畅。

下面以文心一言为例，用AI策划一个旅游行业的风景打卡活动，具体的提示词和AI策划的活动内容如下。

提示词

我要策划一个风景打卡活动，请写一个活动策划主题，并列出关键流程，具体要求如下。

1. 活动筹备阶段

2. 活动启动阶段

3. 作品征集阶段

4. 评选与颁奖阶段

5. 活动总结阶段

文心一言

活动策划主题： "美景印记·打卡中国"风景摄影大赛

活动概述：

"美景印记·打卡中国"风景摄影大赛旨在鼓励摄影爱好者与旅游爱好者探索中国的大好河山，通过镜头捕捉并分享那些令人震撼的自然风光、人文景观及城市风貌，展现中国之美，促进文化交流与旅游推广。

1. 活动筹备阶段

确定目标与主题：明确活动目的，设定主题与口号。

组建团队：成立活动策划小组，包括策划、宣传、技术、评审等岗位。

平台选择与资源准备：选定合作的新媒体平台（如微博、抖音、小红书），准备活动页面、宣传素材及奖品。

制定规则与流程：明确参赛要求（如作品格式、提交方式、截止日期）、评选标准、奖项设置等。

宣传推广：设计活动海报、视频，撰写文案，通过多渠道进行预热宣传。

2. 活动启动阶段

正式发布活动：在选定平台发布活动启动公告，包含活动介绍、参与方式、奖励机制等。

KOL/网红合作：邀请旅游、摄影领域的知名博主、网红参与活动启动直播或发布引导性内容。

社交媒体互动：设置话题标签（如#美景印记打卡中国#），鼓励用户转发、评论，增加活动曝光社会。

3. 作品征集阶段

……

4. 评选与颁奖阶段

……

5. 活动总结阶段

……

通过以上流程，确保"美景印记·打卡中国"风景摄影大赛能够顺利进行，不仅激发公众对旅游和摄影的热情，也有效提升了目的地和品牌的知名度与美誉度。

10.2.7　汽车行业性能测评活动策划

扫码看教学视频

汽车行业是指从事汽车设计、制造、销售、服务及相关经济活动的总称。它涵盖了整车生产、零部件制造、汽车销售、售后服务和汽车美容等多个环节，形成了一个庞大的产业链。随着科技的进步和消费者对汽车品质要求的提升，汽车行业不断向智能化、绿色化方向发展，为人们的生活出行提供了便捷和舒适。

汽车行业在新媒体平台上的活动策划，关键在于利用平台的广泛传播性和互

动性。可以通过创建官方账号，发布汽车测评视频、技术解析文章和用户心得分享等内容，吸引潜在消费者的关注。

同时，可以组织线上直播活动，如新车发布会、技术讲解会等，让消费者实时了解产品动态。另外，还可以开展互动活动，如问答竞赛、用户投票等，增强与消费者的互动，提升品牌知名度。

AI在汽车行业性能测评活动策划中发挥着重要作用。首先，AI可以协助分析大量用户数据，精准预测消费者的偏好，为活动提供有针对性的内容策划；其次，AI可以自动化生成高质量的营销文案和宣传素材，提高活动内容的吸引力；另外，AI技术还可以用于智能客服，快速响应用户咨询，提升用户体验。在测评环节，AI可以辅助分析测评数据，提供更准确、全面的测评报告，为消费者提供可靠的购车参考。

下面以Kimi为例，用AI策划一个汽车行业的汽车性能测评活动，具体的提示词和AI策划的活动内容如下。

提示词

我要策划一个汽车性能测评活动，请写一个活动策划主题，并列出关键流程，具体要求如下。

1. 活动目标设定

2. 活动规则制定

3. 活动宣传

4. 活动平台搭建

5. 活动执行

6. 奖项设置

7. 结果公布

8. 后期跟进

9. 法律和版权

Kimi

活动策划主题

"极速挑战：汽车性能大比拼"

关键流程

1. 活动目标设定

目标一：提升品牌知名度和市场占有率。

目标二：收集潜在客户的反馈，优化产品性能。

目标三：增强消费者对汽车性能的理解和认识。

2. 活动规则制定

参与资格：所有合法注册的汽车均可参与。

测评项目：包括加速性能、制动性能、操控稳定性等。

安全要求：所有测试必须在专业赛道或测试场地进行，遵守安全规定。

3. 活动宣传

制作宣传视频和海报，突出活动亮点和参与价值。

通过社交媒体、汽车论坛和合作伙伴渠道进行宣传。

邀请知名汽车博主和KOL参与，提高活动曝光度。

4. 活动平台搭建

选择合适的平台，如专业赛车场或测试场地。

设立活动专题页面，方便用户提交报名和查看活动信息。

5. 活动执行

报名征集：开放报名通道，收集参与者信息。

现场测试：在指定日期进行现场测试，记录各项性能数据。

数据记录：确保所有测试数据的准确性和完整性。

现场直播：通过直播平台对活动进行现场直播，增强互动性。

6. 奖项设置

设立奖项，如"最佳性能奖""最佳操控奖""最佳制动奖"等。

奖品可以是现金、汽车保养服务、品牌礼品等。

7. 结果公布

……

8. 后期跟进

……

9. 法律和版权

……

通过以上流程，您可以成功举办一场汽车性能测评活动，不仅能够提升品牌形象，还能增强与目标用户群体的互动和连接。

10.2.8　影视行业角色模仿秀活动策划

影视行业是指围绕影视作品进行的生产、制作、发行、营销及衍生开发等一系列产业链环节。它涵盖了电影、电视剧、综艺节目和纪录片等多种类型的创作与呈现，是文化产业的重要组成部分。影视行业不仅为人们提供了丰富的精神文化享受，还带动了相关产业的发展，如旅游、广告及衍生品等。

在新媒体平台上的策划影视行业活动，关键在于利用平台的广泛传播性和互动性，可以组织角色模仿秀活动，邀请网友模仿经典影视角色，通过短视频或直播的形式进行展示，增加观众的参与度和乐趣。同时，可以利用新媒体平台的推荐算法，精准推送活动信息，吸引更多的潜在观众。

另外，还可以设置互动环节，如观众投票、评论互动等，增强与观众的互动，提升活动影响力。

AI在影视行业角色模仿秀活动策划中发挥着重要作用。首先，AI可以协助分析大量用户数据，了解观众对影视角色的喜好和期待，为活动策划提供有针对性的建议；其次，AI技术可以用于智能评分和推荐系统，对参赛作品进行客观评价，为观众提供个性化的观看建议；另外，AI还可以用于虚拟角色的创建和互动，为活动增添更多趣味性和互动性，提升观众的参与体验。

下面以豆包为例，用AI策划一个影视行业的角色模仿秀活动，具体的提示词和AI策划的活动内容如下。

提示词

我要策划一个角色模仿秀活动，请写一个活动策划主题，并列出关键流程，具体要求如下。

1. 活动策划主题

2. 活动目的

3. 参赛对象

4. 活动流程

豆包

一、活动策划主题

　　"魅力角色大变身——2024角色模仿秀大赛"

二、活动目的

1. 为参与者提供一个展示自我、发挥创意的平台，激发大家的表演热情和创造力。

2. 通过角色模仿，增进对不同角色的理解和感悟，丰富文化生活。

3. 促进参与者之间的交流与合作，增强团队凝聚力。

三、参赛对象

全体社会公众，包括学生、上班族、退休人员等各个群体。

四、活动流程

1. 宣传阶段（2024年12月20日—2024年12月25日）

制作精美的宣传海报，在学校、社区、商场等人流密集的地方张贴。

利用社交媒体平台发布活动信息和报名链接，吸引更多的人关注。

邀请当地的媒体进行报道，提高活动的知名度。

2. 报名阶段（2024年12月25日—2025年1月5日）

参与者通过线上报名系统填写个人信息和模仿的角色名称，并上传模仿照片或短视频。

设立报名咨询热线，为参与者解答疑问。

3. 初赛阶段（2025年1月5日—2025年1月12日）

由评委团对报名作品进行初步筛选，选出一定数量的优秀作品进入复赛。

公布初赛结果，通知入围复赛的参与者。

4. 复赛阶段（2025年1月12日—2025年1月18日）

……

5. 决赛阶段（2025年1月18日—2025年1月20日）

……

6. 颁奖阶段（2025年1月20日）

……

10.2.9　教培行业教育沙龙活动策划

扫码看教学视频

　　教培行业，即教育培训行业，是指为满足个人或组织在知识、技能和能力提升等方面的需求，提供教育和培训服务的产业。它涵盖了学前教育、基础教育、高等教育、职业教育、语言培训、艺术培训和企业培训等多个领域，通过面授、在线教学等方式开展教学活动，为学习者提供学习、咨询、技能提升和职业发展等服务。

　　策划教培行业在新媒体平台上的活动，应注重互动性和专业性。例如，组织教育沙龙活动，邀请教育专家、学者进行线上分享，同时设置互动环节，如问答、讨论等，增强与观众的互动。通过新媒体平台，可以广泛传播活动信息，吸引更多潜在学员参与。另外，还可以利用新媒体平台的直播、短视频等功能，记录活动的精彩瞬间，为教培机构增加曝光的机会，提升品牌影响力。

　　AI在教培行业教育沙龙活动策划中发挥着重要作用。首先，AI可以协助分析学员的需求，为活动策划提供数据支持，确保活动内容与学员需求高度匹配；其次，AI技术可以用于智能推荐系统，为学员提供个性化的活动建议，提升学员的参与度和满意度；另外，AI还可以用于活动现场的智能签到、互动问答等环节，提高活动效率，为学员提供更加便捷、高效的学习体验。

　　下面以天工AI为例，用AI策划一个教培行业的教育沙龙活动，具体的提示词和AI策划的活动内容如下。

📄 提示词

我要策划一个教育沙龙活动，请写一个活动策划主题，并列出关键流程，具体要求如下。

1. 活动主题解读

2. 关键流程安排

3. 注意事项

🔷 天工AI

教育沙龙活动策划案："启思·育才·共进"——探索未来教育新范式

活动主题解读：

在全球化与科技高速发展的背景下，教育面临着前所未有的挑战与机遇。本次"启思·育才·共进"教育沙龙旨在汇集教育领域的专家学者、一线教师、家长，以及关心教育发展的各界人士，共同探讨教育创新理念、实践经验与未来的趋势，探索适应21世纪人才培养的新方法与路径。活动将围绕个性化学习、远程教育、职业教育等多个维度展开，致力于构建一个开放包容的思想交流平台，促进教育领域的深度合作与发展。

关键流程安排：

1. 开幕式（15分钟）

主持人开场致辞，介绍开展活动的意义与日程。

特邀嘉宾致辞，分享对未来教育的愿景。

2. 主题演讲（60分钟）

首席教育家讲座："全球化时代的教育挑战与对策"

科技企业家讲解："技术如何重塑教育格局"

3. 圆桌论坛（60分钟）

"多元智能教育：从理论到实践"

多位专家与教育工作者共同讨论如何在日常教学中实施多元化教育。

4. 工作坊（90分钟）

......

5. 午餐休息与自由交流（60分钟）

6. 下午茶对话（45分钟）

......

7. 案例分享（45分钟）

......

8. 闭幕式与颁奖（30分钟）

......

注意事项：

......

"启思·育才·共进"教育沙龙不仅是知识与经验的交汇，更是一次心灵与智慧的碰撞，让我们携手同行，在教育的征途上不断探索与前行。

10.2.10　展览行业亮点展示活动策划

展览行业，狭义上指各种展览会、博览会等活动的组织与管理，广义上则涵盖了会展业，即展览与会议的综合体。这是一个国家或地区工业化成长到中级阶段后，随着商业、服务业的快速扩张而逐步形成的新兴产业。展览行业不仅为企业提供了一个展示产品和技术的平台，还促进了信息的交流和商业的洽谈合作。

展览行业在新媒体平台上做活动，可以通过多种方式进行。首先，利用微博、微信公众号等社交媒体平台发布展览信息，吸引观众关注；其次，通过直播、短视频等形式，展示展览现场亮点，增强观众参与度；另外，还可以组织线上互动活动，如问答、抽奖等，提升观众体验。新媒体平台具有传播速度快、覆盖面广的特点，能够帮助展览行业更好地宣传和推广活动。

AI在展览行业亮点展示活动策划中扮演着重要角色。AI技术可以协助分析观众的行为，预测展览热点，为活动策划提供数据支持。同时，AI技术还可以用于智能导览、虚拟展览等创新形式，提升观众体验。另外，AI还可以用于展览现场的安全监控、人流管理等方面，提高展览活动的效率和安全性。AI技术的融入，让展览行业更加智能化、高效化。

下面以ChatGPT为例，用AI策划一个展览行业的展览亮点展示活动，具体的提示词和AI策划的活动内容如下。

提示词

我要策划一个展览亮点展示活动，请写一个活动策划主题，并列出关键流程，具体要求如下。

1. 活动目标
2. 前期准备阶段
3. 短视频创作阶段
4. 视频编辑与优化阶段
5. 社交媒体与平台推广阶段
6. 现场展示与评估阶段
7. 后期总结与持续推广

ChatGPT

活动策划主题：

"展览亮点再现：短视频引领未来展示体验"

1. 活动目标

提升展览的互动性：通过短视频展示展览亮点，增强参观者对展品的关注度和参与感。

拓宽受众群体：借助社交平台的传播效应，吸引更多潜在的观众和线上参与者。

展示展览的核心价值：通过精确的短视频内容，传递展览的核心理念与创意亮点。

增强品牌形象：通过高质量的短视频内容提升品牌的影响力和形象。

2. 前期准备阶段

确定展览亮点：与展览策展人和团队沟通，选定展览中最具吸引力和代表性的亮点展示。

明确短视频内容框架：确定视频风格（如快节奏剪辑、情感化叙事等）和展览亮点的呈现方式。

准备设备与人员：确认拍摄设备、视频编辑软件、创意团队、演员及解说员等。

制作时间表与预算：合理规划各阶段的时间节点与预算安排，确保活动顺利进行。

3. 短视频创作阶段

拍摄策划与场景设计：根据展品特点和亮点，设计短视频拍摄脚本，提前设定好场景和拍摄流程。

素材拍摄：进行现场拍摄，重点突出展览的核心内容，同时融入创新元素，如动态展示、互动环节等。

创意添加：在拍摄中加入创意元素，如互动感应、动画、特效等，让视频更具吸引力。

4. 视频编辑与优化阶段

……

5. 社交媒体与平台推广阶段

……

6. 现场展示与评估阶段

……

7. 后期总结与持续推广

……

这个流程确保了每个环节都能顺利衔接，最终实现高效且具有传播力的展览亮点展示。

本章小结

本章首先介绍了AI技术如何驱动各行各业在新媒体活动领域的创新，详细阐述了AI在提升活动策划的精准性、增加与用户的互动等方面的作用，以及通过实施策略和技术赋能，为新媒体活动策划带来了新的思路和方法；然后深入探讨了不同行业（如餐饮、互联网、广告、电商、零售、旅游、汽车、影视、教培和展览等）如何利用AI技术进行新媒体活动策划的具体案例，展示了AI在不同行业中的应用场景和实施效果，为运营者提供了丰富的实战经验和启示。

课后实训

扫码看教学视频

　　鉴于本章知识的重要性，为了帮助读者更好地掌握所学知识，本节将通过课后习题，帮助读者进行简单的知识回顾和补充。

　　问题：使用天工AI策划一个广告行业的短视频活动。

提示词

我要策划一个广告行业交流会短视频活动，请写一个活动策划主题，并列出关键流程，具体要求如下。

1. 活动主题解读

2. 关键流程安排

天工AI

广告行业交流会短视频活动策划案："创意·洞察·未来"——重塑广告界的想象空间

活动主题解读：

在数字化转型加速的当下，广告业正面临前所未有的挑战与机遇。本次"创意·洞察·未来"广告行业交流会短视频活动旨在汇聚业界精英，探讨行业发展趋势，分享创新策略，旨在激发新的思考角度，引领广告行业未来的发展。我们邀请了行业内知名的创意总监、数据分析师、品牌策略师及新兴内容创作者，共同探索如何在新时代背景下突破常规，捕捉消费者心理，从而实现广告效果最大化。

关键流程安排：

1. 开幕致辞（15分钟）

主持人开场，介绍活动的主旨与重要性。

行业重量级嘉宾发表欢迎词，设定活动基调。

2. 趋势解析（45分钟）

数据分析师主讲，基于市场研究与消费者的行为数据，剖析当前广告行业面临的机遇与挑战。

展示未来几年内预计的趋势变化，如AI创意生成、元宇宙广告模式等。

3. 案例分享（60分钟）

……

4. 互动研讨会（60分钟）

……

5. 技术创新与应用（45分钟）

……

现场实操体验区，让参与者亲身体验前沿技术的力量。

6. 跨界对话（45分钟）

……